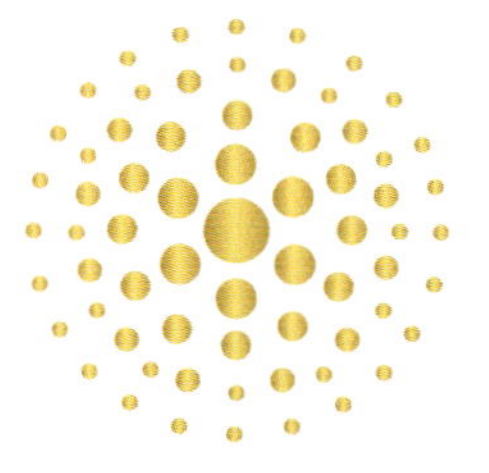

바로보인

전등록 傳燈錄

17

농선 대원 역저

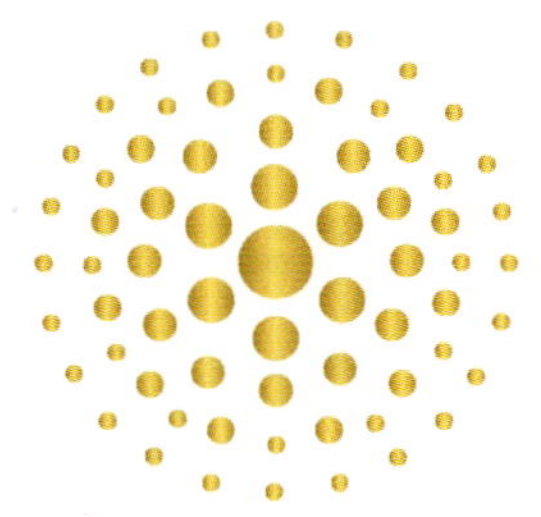

이 원상은 농선 대원 선사님께서 직접 그리신 것으로 모든 불성이 서로 상즉해 공존하는 원리를 담은 것이다.

선 심(禪心)

누리 삼킨 참나를
낙화(落花)로 자각(自覺)
떨어지는 물소리로 웃고 가는 길
돌에서 꽃에서도 님이 맞는다

정맥 선원의 문젠 마크는 농선 대원 선사님께서 마음을 상징하는 달(moon)과 그 마음을 깨달아 마음이 내가 된 삶인 선(zen)을 평화의 상징인 비둘기로 형상화하신 것이다.

교조 석가모니 부처님과
부처님으로부터 직계로 내려온
불조정맥 78대 조사들의
진영과 전법게

불조정맥

불조정맥이란 석가모니 부처님으로부터 현 78대 조사에 이르기까지 스승에게 깨달음의 인증인 인가를 받아 법을 전하라는 부촉을 받은 전법선사의 맥이다. 여기에 실린 불조진영과 전법게는 농선 대원 선사님께서 다년간 수집 정리하여 기도와 관조 끝에 완성하여 수립하신 것이다. 각 선사의 진영과 함께 실린 전법게는 스승으로부터 직접 전해 받은 게송이다. 단, 석가모니 부처님 진영에 실린 게송은 석가모니 부처님의 게송이다.

교조 석가모니 부처님

환화라고 하는 것 근본 없어 생긴 적도 없어서　　幻化無因亦無生
모두가 스스로 이러-해서 본다 함도 이러-하네　　皆則自然見如是
모든 법도 스스로 화한 남, 아닌 것이 없어서　　諸法無非自化生
환화라 하지만 남이 없어 두려워할 것도 없네　　幻化無生無所畏

제1조 마하가섭 존자

법이라는 본래 법엔 법이랄 것 없으나	法本法無法
법이랄 것 없다는 법, 그 또한 법이라	無法法亦法
이제 법이랄 것 없음을 전해줌에	今付無法時
법이라는 법인들 그 어찌 법이랴	法法何曾法

제2조 아난다 존자

법이란 법 본래의 법이라	法法本來法
법도 없고 법 아님도 없으니	無法無非法
어떻게 온통인 법 가운데	何於一法中
법 있으며 법 아닌 것 있으랴	有法有非法

제3조 상나화수 존자

본래의 법 전함이 있다 하나	本來付有法
전한 말에 법이랄 것 없다 했네	付了言無法
각자가 스스로 깨달으라	各各須自悟
깨달으면 법 없음도 없다네	悟了無無法

제4조 우바국다 존자

법 아니고 마음도 아니어서	非法亦非心
맘이랄 것, 법이랄 것 없나니	無心亦無法
마음이다, 법이다 설할 때는	說是心法時
그 법은 마음법이 아니로다	是法非心法

제5조 제다가 존자

마음이란 스스로인 본래의 마음이니	心自本來心
본래의 마음에는 법 있는 것 아니로다	本心非有法
본래의 마음 있고 법이란 것 있다 하면	有法有本心
마음도 아니요 본래 법도 아니로다	非心非本法

제6조　미차가 존자

본래의 마음법을 통달하면　通達本心法
법도 없고, 법 아님도 없도다　無法無非法
깨달으면 깨닫기 전과 같아　悟了同未悟
마음이니, 법이니 할 것 없네　無心亦無法

제7조　바수밀 존자

맘이랄 것 없으면 얻음도 없어서　無心無可得
설함에 법이라 이름할 것도 없네　說得不名法
만약에 맘이라 하면 마음 아님 깨달으면　若了心非心
비로소 마음인 마음법 안다 하리　始解心心法

제8조　불타난제 존자

가없는 마음으로　心同虛空界
가없는 법 보이니　示等虛空法
가없음을 증득하면　證得虛空時
옳고 그른 법이 없다　無是無非法

제9조　복타밀다 존자

허공이 안팎 없듯　虛空無內外
마음법도 그러하다　心法亦如此
허공이치 요달하면　若了虛空故
진여이치 통달하네　是達眞如理

제10조　파율습박(협) 존자

진리란 본래에 이름할 수 없으나　眞理本無名
이름에 의하여 진리를 나타내니　因名顯眞理
받아 얻은 진실한 법이라고 하는 것　受得眞實法
진실도 아니요, 거짓도 아니로세　非眞亦非僞

제11조　부나야사 존자

참된 몸 스스로 이러-히 참다우니　眞體自然眞
참됨을 설함으로 인해 진리란 것 있다 하나　因眞說有理
참답게 참된 법을 깨달아 얻으면　領得眞眞法
베풀 것도 없으며 그칠 것도 없다네　無行亦無止

제12조　아나보리(마명) 존자

미혹과 깨침이란 숨음과 드러남 같다 하나　迷悟如隱顯
밝음과 어둠이 서로가 여읠 수 없는 걸세　明暗不相離
이제 숨음이 드러난 법 부촉한다지만　今付隱顯法
하나도 아니요, 둘도 또한 아니로세　非一亦非二

제13조　가비마라 존자

숨었느니 드러났느니 하지만 본래의 법에는　隱顯卽本法
밝음과 어두움이 원래에 둘 아니라　明暗元不二
깨달아 마친 법을 전한다고 하지만　今付悟了法
취함도 아니요, 여윔도 아니로세　非取亦非離

제14조　나가르주나(용수) 존자

숨을 수도, 드러날 수도 없는 법이라 함　非隱非顯法
이것이 참다운 실제를 말함이니　說是眞實際
숨음이 드러난 법 깨달았다 하나　悟此隱顯法
어리석음도 아니요 지혜로움도 아니로다　非愚亦非智

제15조　가나제바 존자

숨었느니 드러났느니 하면 법에 밝다 하랴　爲明隱顯法
밝게 해탈의 이치를 설하려면　方說解脫理
저 법에 증득한 바도 없는 마음이어야 하니　於法心不證
성낼 것도 없으며 기쁠 것도 없다네　無嗔亦無喜

제16조 라후라타 존자

본래에 법을 전할 사람 대해	本對傳法人
해탈의 진리를 설하나	爲說解脫理
법엔 실로 증득한 바 없어서	於法實無證
마침도 비롯함도 없느니라	無終亦無始

제17조 승가난제 존자

법에는 진실로 증득한 바 없어서	於法實無證
취함도 없으며 여읨도 없느니라	不取亦不離
법에는 있다거나 없다는 상도 없거늘	法非有無相
안이니 밖이니 어떻게 일으키리	內外云何起

제18조 가야사다 존자

맘 바탕엔 본래에 남 없거늘	心地本無生
바탕의 인, 연을 좇아 일으키나	因地從緣起
연과 종자 서로가 방해 없어	緣種不相妨
꽃과 열매 그 또한 그러하네	華果亦復爾

제19조 구마라다 존자

마음의 바탕에 지닌 종자 있음에	有種有心地
인과 연이 능히 싹 나게 하지만	因緣能發萌
저 연에 서로가 걸림이 없어서	於緣不相礙
마땅히 난다 해도 남이 남 아니로세	當生生不生

제20조 사야다 존자

성품에는 본래에 남 없건만	性上本無生
구하는 사람 대해 설할 뿐	爲對求人說
법에는 얻은 바 없거늘	於法既無得
어찌 깨닫고, 깨닫지 못함을 둘 것인가	何懷決不決

제21조 바수반두 존자

말 떨어지자마자 무생에 계합하면	言下合無生
저 법계와 성품이 함께 하리니	同於法界性
만일 능히 이와 같이 깨친다면	若能如是解
궁극의 이변 사변 통달하리	通達事理竟

제22조 마노라 존자

물거품과 환 같아 걸릴 것도 없거늘	泡幻同無礙
어찌하여 깨달아 마치지 못했다 하는가	如何不了悟
그 가운데 있는 법을 통달하면	達法在其中
지금도 아니요, 옛 또한 아니니라	非今亦非古

제23조 학륵나 존자

마음이 만 경계를 따라서 구르나	心隨萬境轉
구르는 곳마다 실로 능히 그윽함에	轉處實能幽
성품을 깨달아서 흐름을 따르면	隨流認得性
기쁠 것도 없으며 근심할 것도 없네	無喜亦無憂

제24조 사자보리 존자

마음의 성품을 깨달음에	認得心性時
사의할 수 없다고 말하나니	可說不思議
깨달아 마쳐서는 얻음 없어	了了無可得
깨달아선 깨달았다 할 것 없네	得時不說知

제25조 바사사다 존자

깨달음의 지혜를 바르게 설할 때에	正說知見時
깨달음의 지혜란 이 마음에 갖춘 바라	知見俱是心
지금의 마음이 곧 깨달음의 지혜요	當心卽知見
깨달음의 지혜가 곧 지금의 함일세	知見卽于今

제26조　불여밀다 존자

성인이 말하는 지견은　聖人說知見
경계를 맞아서 시비 없네　當境無是非
나 이제 참성품 깨달음에　我今悟眞性
도랄 것도, 이치랄 것도 없네　無道亦無理

제27조　반야다라 존자

맘 바탕에 참성품 갖췄으나　眞性心地藏
머리도, 꼬리도 없으니　無頭亦無尾
인연 응해 만물을 교화함을　應緣而化物
지혜라고 하는 것도 방편일세　方便呼爲智

제28조　보리달마 존자

마음에서 모든 종자 냄이여　心地生諸種
일(事)로 인해 다시 이치 나느니라　因事復生理
두렷이 보리과가 원만하니　果滿菩提圓
세계를 일으키는 꽃 피우리　華開世界起

제29조　신광 혜가 대사

내가 본래 이 땅에 온 것은　吾本來此土
법을 전해 중생을 구함일세　傳法救迷情
한 송이에 다섯 꽃잎 피리니　一花開五葉
열매 맺음 자연히 이뤄지리　結果自然成

제30조　감지 승찬 대사

본래의 바탕에 연 있으면　本來緣有地
바탕의 인에서 종자 나서 꽃핀다 하나　因地種華生
본래엔 종자가 있은 적도 없어서　本來無有種
꽃핀 적도 없으며 난 적도 없다네　華亦不曾生

제31조　대의 도신 대사

꽃과 종자 바탕으로 인하니　華種雖因地
바탕을 좇아서 종자와 꽃을 내나　從地種華生
만약에 사람이 종자 내림 없으면　若無人下種
남 없어 바탕에 꽃핀 적도 없다 하리　華地盡無生

제32조　대만 홍인 대사

꽃과 종자 성품에서 남이라　華種有生性
바탕으로 인해서 나고 꽃피우니　因地華生生
큰 연과 성품이 일치하면　大緣與性合
그 남은 나도 남 아니로세　當生生不生

제33조　대감 혜능 대사

정 있어 종자를 내림에　有情來下種
바탕 인해 결과 내어 영위하나　因地果還生
정이랄 것도 없고 종자랄 것도 없어서　無情既無種
만물의 근원인 도의 성품엔 또한 남도 없네　無性亦無生

제34조　남악 회양 전법선사

마음의 바탕에 모든 종자 머금어져　心地含諸種
널리 비 내림에 모두 다 싹트도다　普雨悉皆生
단박에 깨달아 정을 다한 꽃피움에　頓悟華情已
보리의 과위가 스스로 이뤄졌네　菩提果自成

제35조　마조 도일 전법선사

마음의 바탕에 모든 종자 머금어져　心地含諸種
비와 이슬 만남에 모두 다 싹이 트나　遇澤悉皆萌
삼매의 꽃핌이라 형상이 없거늘　三昧華無相
무엇이 무너지고 무엇이 이뤄지랴　何壞復何成

제36조　백장 회해 전법선사

마음 외에 본래에 다른 법이 없거늘	心外本無法
부촉함이 있다 하면 마음법이 아닐세	有付非心法
원래에 마음법 없음을 깨달은	旣知非法心
이러-한 마음법을 그대에게 부촉하네	如是付心法

제37조　황벽 희운 전법선사

본래에 말로는 부촉할 수 없는 것을	本無言語囑
억지로 마음의 법이라 전함이니	强以心法傳
그대가 원래에 받아 지닌 그 법을	汝旣受持法
마음의 법이라고 다시 어찌 말하랴	心法更何言

제38조　임제 의현 전법선사

마음의 법 있으면 병이 있고	病時心法在
마음의 법 없으면 병도 없네	不病心法無
내 부촉한 마음의 법에는	吾所付心法
마음의 법 있는 것 아니로세	不在心法途

제39조　흥화 존장 전법선사

지극한 도는 간택함이 없으니	至道無揀擇
본래의 마음이라 향하고 등짐이 없느니라	本心無向背
이 같음을 감당해 이으려는가?	便如此承當
봄바람에 곤한 잠을 더하누나	春風增瞌睡

제40조　남원 혜옹 전법선사

대도는 온통 맘에 있다지만	大道全在心
맘에 구함 있으면 그르치네	亦非在心求
그대에게 부촉한 자심의 도에는	付汝自心道
기쁨도 근심도 없느니라	無喜亦無憂

제41조 풍혈 연소 전법선사

나 이제 법 없음을 말하노니 我今無法說
말한 바가 모두 다 법 아니라 所說皆非法
법 없는 법 지금에 부촉하니 今付無法法
이 법에도 머무르지 말아라 不可住于法

제42조 수산 성념 전법선사

말한 적도 없어야 참법이니 無說是眞法
이 말함은 원래에 말함 없네 其說元無說
나 이제 말한 적도 없을 때 我今無說時
말함이라 말한들 말함이랴 說說何曾說

제43조 분양 선소 전법선사

예로부터 말함 없음 부촉했고 自古付無說
지금의 나 또한 말함 없네 我今亦無說
다만 이 말함 없는 마음을 只此無說心
모든 부처 다 같이 말한 바네 諸佛所共說

제44조 자명 초원 전법선사

허공이 형상이 없다 하나 虛空無形像
형상도, 허공도 아닐세 形像非虛空
내 부촉한 마음의 법이란 我所付心法
공도 공한 공이어서 공 아닐세 空空空不空

제45조 양기 방회 전법선사

허공이 면목이 없듯이 虛空無面目
마음의 상 또한 이와 같네 心相亦如然
곧 이렇게 비고 빈 마음을 卽此虛空心
높은 중에 높다고 하는 걸세 可稱天中天

제46조 백운 수단 전법선사

마음의 본체가 허공같아	心體如虛空
법 또한 허공처럼 두루하네	法亦遍虛空
허공 같은 이치를 증득하면	證得虛空理
법도 아니요, 공한 맘도 아니로세	非法非心空

제47조 오조 법연 전법선사

도에는 나라는 나 원래 없고	道我元無我
도에는 맘이란 맘 원래 없네	道心元無心
오직 이 나라 함도 없는 법으로	唯此無我法
나라 함 없는 맘에 일체하네	相契無我心

제48조 원오 극근 전법선사

참나에는 본래에 맘이랄 것 없으며	眞我本無心
참마음엔 역시나 나랄 것 없으나	眞心亦無我
이러-히 참답게 참마음에 일체되면	契此眞眞心
나를 나라 한들 어찌 거듭된 나겠는가	我我何曾我

제49조 호구 소륭 전법선사

도 얻으면 자재한 마음이고	得道心自在
도 얻지 못하면 근심이라 하나	不得道憂惱
본래의 마음의 도 부촉함에	付汝自心道
기쁨도, 근심도 없느니라	無喜亦無惱

제50조 응암 담화 전법선사

맑던 하늘 구름 덮인 하늘 되고	天晴雲在天
비 오더니 젖어있는 땅일세	雨落濕在地
비밀히 마음을 부촉함이여	秘密付與心
마음법이란 다만 이것일세	心法只這是

제51조 밀암 함걸 전법선사

부처님은 눈으로써 별을 보고	佛用眼觀星
난 귀로써 소리를 들었도다	我用耳聽聲
나의 함이 부처님의 함과 같아	我用與佛用
내 밝음이 그대의 밝음일세	我明汝亦明

제52조 파암 조선 전법선사

부처와 더불어 중생의 보는 것이	佛與衆生見
원래 근본 부처인데 금 그은들 바뀌랴	元本佛隔線
그대에게 부촉한 본연의 마음법에는	付汝自心法
깨닫고 깨닫지 못함도 없느니라	非見非不見

제53조 무준 사범 전법선사

내가 만약 봄이 없다 할 때에	我若不見時
그대 응당 봄이 없이 보아라	汝應不見見
봄에 봄 없어야 본연의 봄이니	見見非自見
본연의 마음이 언제나 드러났네	自心常顯現

제54조 설암 혜랑 전법선사

진리는 곧기가 거문고줄 같다는데	眞理直如絃
어떻게 침묵이나 말로 다시 할 것인가	何默更何言
나 이제 그대에게 공교롭게 부촉하니	我今善付囑
밝힌 마음 본래에 얻음이 없는 걸세	表心本無得

제55조 급암 종신 전법선사

사람에겐 미혹하고 깨달음이 본래 없는데	本無迷悟人
미했느니 깨쳤느니 제 스스로 분별하네	迷悟自家計
젊어서 깨달았다 말이나 한다면	記得少壯時
늙어서까지라도 깨닫지 못할 걸세	而今不覺老

제56조 석옥 청공 전법선사

이 마음이 지극히 광대하여 此心極廣大
허공에 비할 수도 없다네 虛空比不得
이 도는 다만 오직 이러-하니 此道只如是
밖으로 찾음 쉬어 받아 지녔네 受持休外覓

제57조 태고 보우 전법선사

지극히 큰 이것인 이 마음과 至大是此心
지극히 성스러운 이것인 이 법이라 至聖是此法
등불과 등불의 광명처럼 나뉨 없음 燈燈光不差
이 마음 스스로가 통달해 마침일세 了此心自達

제58조 환암 혼수 전법선사

마음 중의 본연의 마음과 心中有自心
법 중의 지극한 법을 法中有至法
내가 지금 부촉한다 하나 我今可付囑
마음법엔 마음법이라 함도 없네 心法無心法

제59조 구곡 각운 전법선사

온통인 도, 마음의 광명이라 할 것도 없으나 一道不心光
과거, 현재, 미래와 시방을 밝힘일세 三際十方明
어떻게 지극히 분명한 이 가운데 何於明白中
밝음과 밝지 않음 있다고 하리오 有明有不明

제60조 벽계 정심 전법선사

나 지금 법 없음을 부촉하고 我無法可付
그대는 무심으로 받는다 하나 汝無心可受
전함 없고 받음 없는 맘이라면 無付無受心
누구라도 성취하지 못했다 하랴 何人不成就

제61조　벽송 지엄 전법선사

마음이 곧 깨달음의 마음이요	心卽能知心
법이 곧 깨달음의 법이라	法卽可知法
마음법을 마음법이라 전한다면	法心付法心
마음도, 법도 아닐세	非心亦非法

제62조　부용 영관 전법선사

조사와 조사가 법 없음을 부촉한다 하나	祖祖無法付
사람과 사람마다 본래 스스로 지님일세	人人本自有
그대는 부촉함도 없는 법을 받아서	汝受無付法
긴요히 뒷날에 전하도록 하여라	急着傳於後

제63조　청허 휴정 전법선사

참성품은 본래에 성품이라 할 것 없고	眞性本無性
참법은 본래에 법이라 할 것 없네	眞法本無法
법이니 성품이니 할 것 없음 깨달으면	了知無法性
어떠한 곳엔들 통달하지 못하랴	何處不通達

제64조　편양 언기 전법선사

법도 아니고 법 아님도 아니고	非法非非法
성품도 아니고 성품 아님도 아니며	非性非非性
마음도 아니고 마음 아님도 아님이	非心非非心
그대에게 부촉하는 궁극의 마음법일세	付汝心法竟

제65조　풍담 의심 전법선사

부처님이 전하신 꽃 드신 종지와	師傳拈花宗
내가 미소지어 보인 도리를	示我微笑法
친히 손수 그대에게 분부하니	親手分付汝
받들어 지녀 누리에 두루하게 하라	持奉遍塵刹

제66조 월담 설제 전법선사

깨달아선 깨달은 바 없으며	得本無所得
전해서는 전함 또한 없느니라	傳亦無可傳
전함도 없는 법을 부촉함이여	今付無傳法
동서가 온통한 하늘일세	東西共一天

제67조 환성 지안 전법선사

전하거나 받을 법이 없어서	無傳無受法
전하거나 받는다는 맘도 없네	無傳無受心
부촉하나 받은 바 없는 이여	付與無受者
허공의 힘줄마저 뽑아서 끊었도다	掣斷虛空筋

제68조 호암 체정 전법선사

연류에 따른 일단사여	沿流一段事
머리도 꼬리도 필경 없네	竟無頭與尾
사자새끼인 그대에게 부촉하니	付與獅子兒
사자후 천지에 가득케 하라	哨吼滿天地

제69조 청봉 거안 전법선사

서 가리켜 동에 그림이여	指西喚作東
풍악산의 뭇 봉우리로다	楓嶽山衆峰
불조의 이러한 법을	佛祖之此法
너에게 분부하노라	分付今日汝

제70조 율봉 청고 전법선사

머리도 꼬리도 없는 도리	無頭尾道理
오늘 그대에게 전해주니	今日傳授汝
이후로 보림을 잘 하여서	此後善保任
영원히 끊어짐이 없게 하라	永遠無斷絕

제71조　금허 법첨 전법선사

그믐날 근원에 돌아간다 말했으나	晦日豫言爲還元
법신에 그 어찌 가고 옴이 있으랴	法身何有去與來
푸른 하늘 해 있고, 못 가운데 연꽃일세	日在靑天池中蓮
이 법을 분부하니 끊어짐이 없게 하라	此法分付無斷絕

제72조　용암 혜언 전법선사

'연꽃이 나왔다' 하여 보인 큰 도리를	示出蓮之大道理
다시 또 뜰 밑 나무 가리켜 보여서	復亦指示庭下樹
후일의 크고 큰일 그대에게 부촉하니	後日大事與咐囑
잘 지녀 보림하여 끊어짐 없게 하라	保任善持無斷絕

제73조　영월 봉율 전법선사

사느니 죽느니 이 무슨 말들인고	生也死也是何言
물밭엔 연꽃이고 하늘엔 해일세	水田蓮花在天日
가없이 이러-해서 감출 수 없이 드러남	無邊無藏露如是
오늘 네게 분부하니 끊어짐 없게 하라	今日分付無斷絕

제74조　만화 보선 전법선사

봄산과 뜬구름을 동시에 보아라	春山浮雲觀同時
중생들의 이익될 바 그 가운데 있느니라	普益衆生在其中
이 가운데 도리를 이제 네게 부촉하니	此中道理今付汝
계승해 끊임없이 번성케 할지어다	繼承無斷爲繁盛

제75조　경허 성우 전법선사

하늘의 뜬구름이 누설한 그 도리를	浮雲漏泄其道理
오늘날 선자에게 부촉하여 주노니	今日咐囑與禪子
철저하게 보림하여 모범을 보임으로	保任徹底示模範
후세에 끊어짐이 없게 할 맘, 지니게나	後世無斷爲持心

第76조　만공 월면 전법선사

구름과 달,산과 계곡이라,곳곳에서 같음이여　雲月溪山處處同
선가의 나의 제자 수산의 큰 가풍일세　叟山禪子大家風
은근히 무문인을 그대에게 분부하니　慇懃分付無文印
이 기틀의 방편이 활안 중에 있노라　一段機權活眼中

第77조　전강 영신 전법선사

불조도 전한 바 없어서　佛祖未曾傳
나 또한 얻은 바 없음을…　我亦無所得
가을빛 저물어 가는 날에　此日秋色暮
뒷산의 원숭이가 울고 있네　猿嘯在後峰

第78대　농선 대원 전법선사

부처와 조사도 일찍이 전한 것이 아니거늘　佛祖未曾傳
나 또한 어찌 받았다 하며 준다 할 것인가　我亦何受授
이 법이 2천년대에 이르러서　此法二千年
널리 천하 사람을 제도하리라　廣度天下人

부처님으로부터 직계로 내려온 불조정맥 第78대 농선 대원 선사님

농선 대원 전법선사의 3대 서원

오로지 정법만을 깨닫기 서원합니다.
입을 열면 정법만을 설하기 서원합니다.
중생이 다하는 그날까지 교화하기 서원합니다.

성불사 국제정맥선원 대웅전

성불사 국제정맥선원은

농선 대원 선사님께서 주석하시는 곳으로

대원 선사님의 지도하에 비구스님들이

직접 지은 도량이다.

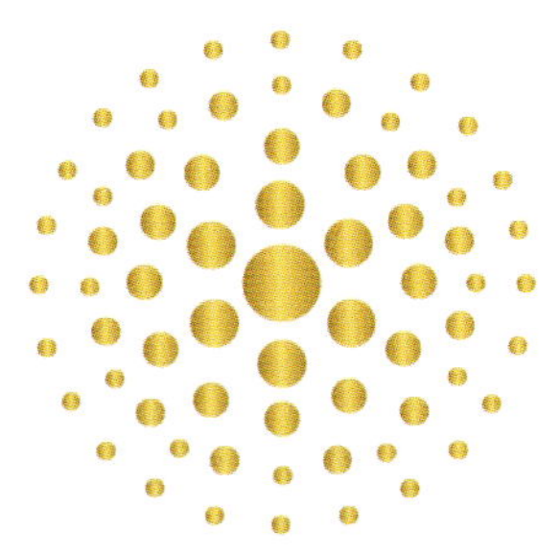

불교 8대 선언문

불교는 자신에게서 영생을 발견하게 한 유일한 종교이다.
불교는 자신에게서 모든 지혜를 발견하게 한 유일한 종교이다.
불교는 자신에게서 모든 능력을 발견하게 한 유일한 종교이다.
불교는 자신에게서 모든 것을 이루게 한 유일한 종교이다.
불교는 자신에게서 극락을 발견하게 한 유일한 종교이다.
불교는 깨달으면 차별 없어 평등하다는 유일한 종교이다.
불교는 모든 억압 없이 자신감을 갖게 한 유일한 종교이다.
불교는 그러므로 온 누리에 영원할 만인의 종교이다.

농선 대원 전법선사 주창

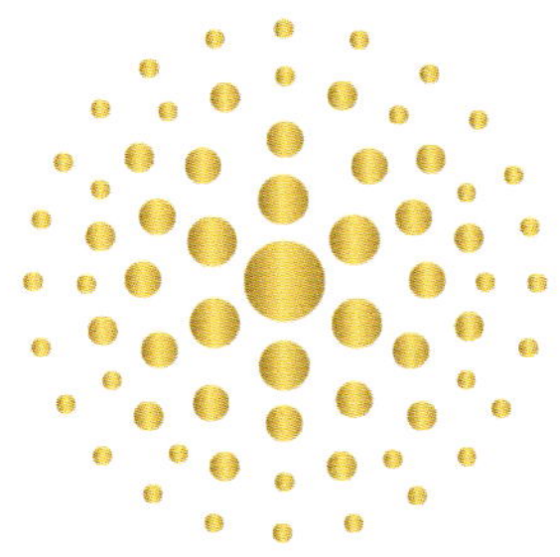

전세계의 불교계에서 통일시켜야 할 일

경전의 말씀대로 32상과 80종호를 갖춘 불상으로 통일해야 한다.

예불 드리는 법을 통일해야 한다.

불공의식을 통일해야 한다.

농선 대원 전법선사 주창

농선 대원 선사의 전등록 발간의 의의

선문(禪文)이란 말 밖의 말로 마음을 바로 가리켜 깨닫게 하여 그 깨달은 마음 바탕에서 닦아 불지(佛地)에 이르게 하는 문(門)이다. 그러기에 지식이나 알음알이로는 헤아려 알 수 없는 것이어서 깨달아 증득하여 일체종지(一切種智)를 이룬 이가 아니고는 그 요지를 바로 보아 이끌어 줄 수 없다.

지금 불교의 현실이 대본산 강원조차 이런 안목으로 이끌어 주는 선지식이 없어서 선종(禪宗) 최고의 공안집인 '전등록', '선문염송' 강의가 모두 폐강된 상황이다.

이에 대원 선사님께서는 불조(佛祖)의 요지가 말이나 글에 떨어져 생사해탈의 길이 단절되는 것을 염려하여 깨달음의 법을 선리(禪理)에 맞게 바로 잡는 역경 작업에 혼신을 다하고 계신다.

대원 선사님께서는 19세에 선운사 도솔암에서 활연대오한 후, 대선지식과의 법거량에서 한 치의 주저함도 없이 명쾌하게 응대하시니 당시 12대 선지식들께서 탄복해 마지않으셨다. 경봉 선사님과 조계종 지혜제일 전강 선사님과의 문답만을 보더라도 취모검과 같은 대원 선사님의 선지를 엿볼 수 있다.

맨 처음 통도사 경봉 선사님을 찾아뵈었을 때, 마침 늦가을 감나무에서 감을 따고 계신 경봉 선사님을 보자 감나무 주위를 한 번 돌고서 있으니, 경봉 선사님께서 물으셨다.

"어디서 왔는가?"

"호남에서 왔습니다."

"무엇을 공부했는가?"

"선을 공부했습니다."

"무엇이 선이냐?"

"감이 붉습니다."

"네가 불법을 아는가?"

"알면 불법이 아닙니다."

위의 문답이 있은 후 경봉 선사님께서는 해제 법문을 대원 선사님께 맡기셨으나 대원 선사님께서는 아직 그럴 때가 아니라 여겨져 그 이튿날인 해제일 새벽 직전에 통도사를 떠나와 버리셨다.

또 광주 동광사에서 처음 전강 선사님을 뵈었을 때, 20대 초면의 젊은 승려인 대원 선사님께 전강 선사님께서 대뜸 '달마불식 도리'를 일러보라 하셨다. 대원 선사님께서 아무 말없이 다가가 전강 선사님의 목에 있는 점 위의 털을 뽑아 버리고 종무소로 가니, 전강 선사님께서 "여기 사람 죽이는 놈이 있다."하며 종무소까지 따라오다 방장실로 돌아가셨다.

그 이후 대원 선사님께서 군산 은적사에서 전강 선사님을 시봉하며 모시고 계실 때, 전강 선사님께서 또 물으셨다.

"공적의 영지를 일러라."

"이러-히 스님과 대담합니다."

"영지의 공적을 일러라."

"스님과 대담에 이러-합니다."

"이러-한 경지를 일러라."

"명왕은 어상을 내리지 않고 천하일에 밝습니다."

대원 선사님의 답에 전강 선사님께서는 희색이 만면해서 고개를 끄덕이며 당신 처소로 돌아가셨다.

이에 그치지 않고 전강 선사님께서 대구 동화사 조실로 계실 때, 대원 선사님께 말씀하셨다.

"대중들이 자네를 산으로 불러내어 그 중에 법성(조계종 종정 진제 스님)이 달마불식 도리를 일러보라 했을 때 '드러났다'라고 답했다는데, 만약에 자네가 양무제였다면 '모르오'라고 이르고 있는 달마 대사에게 어떻게 했겠는가?"

"제가 양무제였다면 '성인이라 함도 설 수 없으나 이러-히 짐의 덕화와 함께 어우러짐이 더욱 좋지 않겠습니까?'하며 달마 대사의 손을 잡아 일으켰을 것입니다."

그러자 전강 선사님께서 탄복하며 말씀하셨다.

"어느새 그 경지에 이르렀는가?"

"이르렀다곤들 어찌하며 갖추었다곤들 어찌하며 본래라곤들 어찌하리까? 오직 이러-할 뿐인데 말입니다."

대원 선사님의 대답에 전강 선사님께서 크게 기뻐하셨다.

이와 같이 대원 선사님께서는 20대 초반에 이미 어떤 선지식의 물음에도 전광석화와 같이 답하셨으며 그 법을 씀이 새의 길처럼 흔적 없는 가운데 자유자재하셨다.

깨달음의 방편에 있어서는 육조 대사께서 마주 앉은 자리에서 사람들을 깨닫게 하셨듯이, 제자들을 제접해 직지인심(直指人心)으로 스스로의 마음에 사무쳐 들게 하여 근기에 따라 보림해 갈 수 있도록 이끌어주시니, 꺼져가는 정법의 기치를 바로 일으켜 세움이라 하겠다.

또한 선지식이라면 이변(理邊)에서 뿐만이 아니라 사변(事邊)에서도 먼 안목으로 인류가 무엇을 어떻게 대비하며 살아가야 할지를 예언하고 이끌어 주어야 한다고 하셨다.

그래서 1962년부터 주창하시기를, 전 세계가 21세기를 '사막 경영의 시대'로 삼아 사막화된 지역에 '사막 해수로 사업'을 하여 원하는 지역의 기후를 조절해야 하고, 자원을 소모하는 발전소 대신 파도, 태양열, 풍력 등의 대체 에너지와 무한 원동기를 개발해야 한다고 하셨다. 또, 도로를 발전소화하여 전기를 생산하는 방법 등을 구체적으로 제안하시고, 천재지변을 대비하여 각자의 집에서 농사를 짓는 '울안의 농법'을 연구하시는 등 만인이 더 나은 삶을 살 수 있는 길을 끊임없이 일러 주고 계신다.

이와 같이 대원 선사님께서는 일체종지를 이룬 지혜로, '참나를 깨달아 마음이 내가 된 삶'을 위한 깨달음의 법으로부터 닥쳐오는 재난을 막고 지구를 가장 살기 좋은 세상으로 만드는 방편까지 늘 그 방향을 제시하고 계신다.

한편, 불교의 최고 경전인 '화엄경 81권'을 완간하여 불보살님의 불가사의한 화엄세계를 열어 보이셨으며, 선문 최대의 공안집인 '선문염송 30권' 1,463칙에 대하여 석가모니 부처님 이래 최초로 전 공안을 맑은 물 밑바닥 보듯이 회통쳐 출간하셨다.

이제 대원 선사님께서는 7불과 역대 조사들의 깨달음의 진수가 담긴 '전등록 30권'을 그런 혜안(慧眼)으로 조사마다 선리의 토끼뿔을 더해 닦아 증득할 수 있도록 밝혀 보이셨다. 그리하여 생사윤회길을 헤매는 중생들에게 해탈의 등불이 되고자 하셨으며, 불조(佛祖)의 정법이 후세에까지 끊어지지 않게 하여 부처님 은혜에 보답하고자 하셨다.

부처님 가신 지 오래 되어 정법은 약하고 삿된 법이 만연한 지금, 중생이 다하는 날까지 중생을 구제하기 서원하는 대원 선사님과 같은 명안종사(明眼宗師)가 계심은 불보살님의 자비광명이 이 땅에 두루한 은덕이라 하겠다.

바로보인 불법 ㊸

전 傳 등 燈 록 錄

17

도서출판 문젠(구, 바로보인)은 정맥선원에서 운영하고 있습니다.

* 인제산(人濟山) 성불사(成佛寺) 국제정맥선원
  경기도 포천시 내촌면 소리개길 86-178 ☎ 031-531-8805
* 인제산(人濟山) 이룬절 포천정맥선원
  경기도 포천시 내촌면 소리개길 86-123 ☎ 031-531-2433
* 백양산(白楊山) 자모사(慈母寺) 부산정맥선원
  부산시 동래구 아시아드대로 114번길 10 대륙코리아나 2층 212호 ☎ 051-503-6460
* 자모산(慈母山) 육조사(六祖寺) 청도정맥선원
  경북 청도군 매전면 동산리 산 50 ☎ 010-4543-2460
* 광암산(光巖山) 성도사(成道寺) 광주정맥선원
  광주광역시 광산구 삼도광암길 34 ☎ 062-944-4088
* 대통산(大通山) 대통사(大通寺) 해남정맥선원
  전남 해남군 화산면 송계길 132-98 중정마을 ☎ 061-536-6366

바로보인 불법 ㊸

전 등 록 17

초판 1쇄 펴낸날 단기 4354년, 불기 3048년, 서기 2021년 12월 30일

역　　저 농선 대원 선사
펴 낸 곳 도서출판 문젠(Moonzen Press)
　　　　　11192, 경기도 포천시 내촌면 소리개길 86-178
　　　　　전화 031-534-3373 팩스 031-533-3387
신고번호 2010.11.24. 제2010-000004호

편집윤문출판 법심 최주희, 법운 정숙경
인디자인 전자출판 지일 박한재
한문원문대조 불장 곽병원
표 지 글 씨 춘성 박선옥
인　　　쇄 북크림

도서출판문젠 www.moonzenpress.com
정 맥 선 원 www.zenparadise.com
사막화방지국제연대(IUPD) www.iupd.org

값 15,000원
ISBN 978-89-6870-617-2
ISBN 978-89-6870-600-4 04220(전30권)

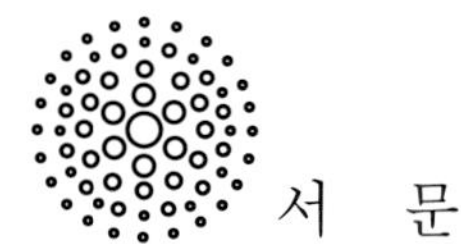

서 문

전등록은 말 없는 말이며 말 밖의 말이라서 학식이나 재치만으로는 번역이 실로 불가능한 일이다. 그러기에 육조단경(六祖壇經)을 보면 법화경을 삼천 번이나 독송한 법달(法達)은 글 한 자 모르시는 육조(六祖)께 경의 뜻을 물었고, 글을 모르시는 육조께서는 법화경의 바른 뜻을 설파하셔서 법달을 깨닫게 하신 것이다.

그런데 하루는 본인에게 법을 물으러 다니시던 부산의 목원 하상욱 본연님이 오셔서 시중에 나온 전등록 번역본 두세 가지를 보이시며 범인인 당신에게도 부처님과 조사님들의 본래 뜻에 맞지 않는 대문이 군데군데 눈에 뜨인다며 바른 의역의 필요성을 절감한다고 하셨다. 그 후로 전등록 번역을 바로 해주십사 하는 간청이 지극하여 비록 단문하나 이 일을 시작하게 되었다.

부처님과 조사님들의 근본 뜻에 어긋남이 없게 하기 위해 노력하였으나 약속한 기간 내에 해내기란 실로 벅찬 일이어서 혹시 미비한 점이 없지 않으리니 강호 제현의 좋은 지적이 있기를 바란다.

불법(佛法)이란 본자연(本自然)이라 누가 설(說)하고 누가 듣고 배울 자리요만 그렇지 못한 이가 또한 있어서 부처님과 조사님들의 허물이 생기는 것이다.

어떤 것이 부처인고?
화분의 빨간 장미니라.

이 가운데 남전(南泉) 뜰꽃 도리(道理)며 한산(寒山) 습득(拾得)의 웃음을 누릴진저.

단기(檀紀) 4354년
불기(佛紀) 3048년
서기(西紀) 2021년

무등산인 농선 대원 분향근서
(無等山人 弄禪 大圓 焚香謹書)

양억(楊億)의 경덕전등록 서문

석가모니께서 일찍이 연등 부처님의 수기를 받아, 현겁(賢劫)의 보처(補處)가 되어 이 땅에 탄강하시고 법을 펴서 교화하시기가 49년이었으니 방편과 진리, 돈오(頓悟)와 점수(漸修)의 문호를 여시고, 헤아릴 수 없이 많은 다양한 교법을 내려 주셨다.

근기(根機)에 따라 진리를 깨닫게 하신 데서 삼승(三乘)의 차별이 생겼으니, 사물에 접하는 대로 중생을 이롭게 하여 한량없는 중생을 제도하셨다. 그 자비는 넓고 컸으며 그 법식(法式)은 두루 갖추어져 있었다.

쌍림(雙林)에서 열반에 드실 때 가섭(迦葉)에게만 유촉하신 것이 차츰차츰 전하여 달마에 이르러서 비로소 문자를 세우지 않고 마음의 근원을 곧바로 보이게 되었으니, 차례를 밟지 않고 당장에 부처의 경지에 오르게 되어 다섯 잎[1]이 비로소 무성하고 천 개의 등불[2]이 더욱 찬란하여서, 보배 있는 곳에 이른 이는 더욱 많고, 법의 바퀴를 굴린 이도 하나가 아니었다.

부처님께서 부촉하신 종지와 정법안장(正法眼藏)이 유통되는 도리는 교리 밖에서 따로 행해지는 불가사의(不可思議)한 것이다.

태조(太祖)께서 거룩하신 무력으로 전란을 진압하신 뒤에 사찰을 숭상하여 제도의 문을 활짝 여셨고, 태종(太宗)께서 밝으신 변재로 비밀한 법을 찬술하시어 참된 이치를 높이셨으며, 황상(皇上)[3]께서 높으신 학덕으로 조사의 뜻을 이어 거룩한 가르침에 머릿말을 쓰셔 종풍(宗風)을 잇게 하시니, 구름 같은 문장이 진리의 하늘에 빛나고, 부처의 황금같은 설법

---

1) 다섯 잎 : 중국 선종의 2조 혜가로부터 6조 혜능에 이르는 다섯 조사를 말한다.

2) 천 개의 등불 : 중국에 선법(禪法)이 전해진 이후 등장한 수많은 견성도인들을 말한다.

3) 황상(皇上) : 송의 진종(眞宗)을 말한다.

이 깨달음의 동산에 펼쳐졌다.

대장경의 말씀에 비밀히 계합하고, 인도로부터의 법맥이 번창하니, 뭇 선행을 늘리는 이가 더욱 많아졌고, 요의(了義)[4]를 전하는 사람들이 간간이 나타나서 원돈(圓頓)의 교화가 이 지역에 퍼졌다.

이에 동오(東吳)의 승려인 도원(道原)이 선열(禪悅)의 경지에 마음을 모으고, 불법의 진리를 샅샅이 찾으며, 여러 세대의 조사 법맥을 찾고, 제방의 어록(語錄)을 모아 그 근원과 법맥에 차례를 달고, 말씀들을 차례차례 엮되, 과거 7불로부터 대법안(大法眼)의 문도에 이르기까지 무릇 52세대, 1,701인을 수록하여 30권으로 만들어 경덕전등록이라 하여 대궐로 가지고 와서 유포해 주기를 청하였다.

황상께서는 불법을 밖으로부터 보호하고자 하시고, 승려들의 부지런함을 가상히 여겨 마음가짐을 신중히 하고 생각을 원대히 하여 좌사간(左司諫) 지제고(知制誥) 양억(楊億)과 병부원외랑(兵部員外郎) 지제고(知制誥) 이유(李維)와 태상승(太常丞) 왕서(王曙) 등을 불러 교정케 하시니, 신(臣) 등은 우매하여 삼학(三學)[5]의 근본 뜻을 모르고 5성(五性)[6]의 방편에 어두우며, 훌륭한 번역 솜씨도 없고, 비야리 성에서 보인 유마 거사의 묵연(默然) 도리[7]에도 둔하건만 공손히 지엄하신 하명(下命)을 받들어 감히 끝내 사양하지 못하였다.

그 저술된 내용을 두루 살펴보면 대체로 진공(眞空)[8]으로써 근본을 삼고 있고, 옛 성인께서 도에 들던 인연을 서술할 때나 옛 사람이 진리를 깨달은 이야기를 표현할 때엔 근기와 인연의 계합함이 마치 활쏘기와 칼쓰

---

4) 요의(了義) : 일을 다 마친 도리, 깨달아서 깨달음마저 두지 않는 경지를 말한다.
5) 삼학(三學) : 계(戒), 정(定), 혜(慧).
6) 5성(五性) : 법상종의 용어. 일체중생의 근기를 다섯 성품으로 나누어서 성불할 근기와 성불하지 못할 근기로 나누었다.
7) 유마 거사의 묵연 도리 : 유마 거사가 비야리성에서 그를 문병하러 온 문수보살과 법담을 할 때 잠자코 말이 없음으로 불이(不二)의 도리를 드러내 보인 일을 말한다.
8) 진공(眞空) : 색(色)이니 공(空)이니를 초월해서 누리는 경지.

기가 알맞는 것 같아 지혜가 갖추어진 데서 광명을 내어, 채찍 그림자만 보고도 달리는 말과 같은 상근기자(上根機者)들에게 널리 도움이 되고 있다.

후학(後學)들을 인도함에는 현묘한 진리를 드날리고 있고, 다른 이야기를 가져올 때에는 출처를 밝히고 있으며, 다듬어지지 않은 부분도 많으나 훌륭한 부분도 찾아볼 수 있었다. 모든 대사들이 대중에게 도리를 보일 때에 한결같은 소리로 펼쳐 보이고 있으니 영특한 이가 귀를 기울여 듣는다면 무수한 성인들이 증명한다 할 것이다. 개괄해서 들추어도 그것이 바탕이어서 한군데만 취해도 그대로가 옳다.

만일 별달리 더 붓을 댄다면 그 돌아갈 뜻을 잃을 것이다. 중국과 인도에서의 말이 이미 다르지 않은데 자칫하면 구슬에다 무늬를 새기려다 보배에 흠집을 낼 우려가 있기에, 이런 종류는 모두 그대로 두었다. 더욱이 일은 실제로 행한 것만을 취해 기록하여 틀림없이 잘 서술했으나 말이란 오래도록 남아 전해지는 까닭에 전혀 문장을 다듬지 않을 수는 없었다.

어떤 사연을 기록할 때엔 그 자취를 자세히 하였고 말이 복잡해지거나 이야기가 저속한 것이 있으면 모두 삭제하되 문맥이 통하게 하였다.

유교(儒教)의 대신이나 거사(居士)의 문답에 이르러 벼슬자리와 성씨가 드러난 이는 연대와 역사에 비추어 잘못을 밝히고, 사적(史籍)에 따라 틀린 점을 바로잡아 믿을 만한 전기가 되게 하였다.

만일 바늘을 던져 맞추듯 한 치의 어긋남 없이 도리를 밝히는 일이 아니거나, 번갯불이 치듯 빠른 기틀을 내보이는 일이 아니거나, 묘하게 밝은 참 마음을 보이는 일이 아니거나, 고(苦)와 공(空)의 깊은 이치를 조사(祖師)의 뜻 그대로 기술(記述)하는 일이 아니라면, 어떻게 등불을 전한다는 전등(傳燈)이라는 비유에 계합(契合)하는 그 극진한 공덕을 베풀 수 있었겠는가?

만일 감응(感應)한 징조만을 서술하거나 참문하고 행각한 자취만을 기록한다 할 것 같으면 이는 이미 승사(僧史)에 밝혀져 있는 것이니, 어째서 선가(禪家)의 말씀을 굳이 취하겠는가? 세대와 계보의 명칭을 남긴 것만이 아니라 스승과 제자가 이어지는 근거를 널리 기록하였다.

그러나 옛날 책에 실린 것을 보면 잘 다듬어지지 않은 내용을 수록하고 잘 다듬어진 것은 버린 일이 있는데, 다른 기록에 남아 있으면 해당하는 문장을 찾아 보완하고, 더욱 널리 찾아서 덧붙이기도 하였다. 또한 서문과 논설에 이르러 혹 옛 조사(祖師)의 문장이 아닌 것이 사이사이 섞이어 공연히 군소리가 되었으면 모두 간추려서 다 깎아버렸으니, 이같이 하여 1년 만에 일이 끝났다.

저희 신(臣)들은 성품과 식견이 우둔하고, 학문이 넓지 못하고, 기틀이 본래 얕고, 문장력은 부족하여 묘한 도리가 사람에게 달렸다고는 하나 마음에서 떠난 지 오래되고 깊은 진리를 나타내는 말이 세속에서 단절되어, 담벽을 마주한 듯 갑갑하게 지낸 적이 많았다. 과분하게도 추천해 주시는 은혜를 받았으나 아무 힘도 발휘하지 못했다. 편찬하는 일이 이미 끝났으므로 이를 임금님께 바친다. 그러나 임금님의 뜻에 맞지 않아, 임금님께서 거룩히 살펴보시는 데에 공연히 누만 끼치는 것이 아닌가 한다. 삼가 바친다.

한림학사조산대부행좌사간지제고동
수국사판사관사주국남양군개국후식읍
1천백호사자금어대신 양억 지음

景德傳燈錄序 昔釋迦文。以受然燈之夙記當賢劫之次補。降神演化四十九年。開權實頓漸之門。垂半滿偏圓之教。隨機悟理。爰有三乘之差。接物利生。乃度無邊之眾。其悲濟廣大矣。其軌式備具矣。而雙林入滅。獨顧於飲光。屈眴相傳。首從於達磨。不立文字直指心源。不踐楷梯徑登佛地。逮五葉而始盛。分千燈而益繁。達寶所者蓋多。轉法輪者非一。蓋大雄付囑之旨。正眼流通之道。教外別行不可思議者也。

聖宋啟運人靈幽贊。太祖以神武戡亂。而崇淨剎。闢度門。太宗以欽明禦辯。而述祕詮。暢真諦。皇上睿文繼志而序聖教繹宗風。煥雲章於義天。振金聲於覺苑。蓮藏之言密契。竺乾之緒克昌。殖眾善者滋多。傳了義者間出。圓頓之化流於區域。有東吳僧道原者。冥心禪悅。索隱空宗。披奕世之祖圖。采諸方之語錄。次序其源派。錯綜其辭句。由七佛以至大法眼之嗣。凡五十二世。一千七百一人。成三十卷。目之曰景德傳燈錄。詣闕奉進冀於流布。

皇上爲佛法之外護。嘉釋子之勤業。載懷重慎。思致悠久。乃詔翰林學士左司諫知制誥臣楊億。兵部員外郎知制誥臣李維。太常丞臣王曙等。同加刊削。俾之裁定。臣等昧三學之旨迷五性之方。乏臨川翻譯之能。懵毘邪語默之要。恭承嚴命。不敢牢讓。竊用探索匪遑寧居。考其論譔之意。蓋以真空爲本。將以述曩聖入道之因。標昔人契理之說。機緣交激。若拄於箭鋒。智藏發光。旁資於鞭影。

誘道後學。敷暢玄猷。而捃摭之來。徵引所出。糟粕多在。油素可尋。其有大士。示徒。以一音而開演。含靈聳聽。乃千聖之證明。屬概擧之是資。取少分而斯可。若乃別加潤色失其指歸。既非華竺之殊言。頗近錯雕之傷寶。如此之類悉仍其舊。況又事資紀實。必由於善敘。言以行遠。非可以無文。其有標錄事緣。縷詳軌跡。或辭條之紛糾。或言筌之猥俗。並從刊削。俾之綸貫。

至有儒臣居士之問答。爵位姓氏之著明。校歲歷以愆殊。約史籍而差謬。鹹用刪去。以資傳信。自非啟投針之玄趣。馳激電之迅機。開示妙明之真心。祖述苦空之深理。即何以契傳燈之喻。施刮膜之功。若乃但述感應之徵符。專敘參遊之轍跡。此已標於僧史。亦奚取於禪詮。聊存世系之名。庶紀師承之自然而舊錄所載。或掇粗而遺精。別集具存。當尋文而補闕。率加采擷。爰從附益。逮於序論之作。或非古德之文。問廁編聯徒增楦釀（楦釀二字出唐張燕公文集。謂冗長也）亦用簡別多所屏去。汔茲周歲方遂終篇。臣等性識媿於冥煩。學問慚於涉獵。天機素淺。文力無餘。妙道在人。雖刳心而斯久。玄言絕俗。固牆面以居多。濫膺推擇之私。靡著發揮之效。已克終於紬繹。將仰奉於清間。莫副宸襟空塵睿覽。謹上。

翰林學士朝散大夫行左司諫知制誥同
修國史判史館事柱國南陽郡開國侯食邑
一千百戶賜紫金魚袋臣楊億 撰

승려 희위(希渭)의 경덕전등록 재발간사

호주로(湖州路) 도량산(道場山) 호성만세선사(護聖萬歲禪寺)의 늙은 중 희위(希渭)는 본관이 경원로(慶元路) 창국주(昌國州)이며 성은 동(董)씨다.

어릴 때부터 고향의 성에 있는 관음선사(觀音禪寺)에 가서 절조(絶照) 화상을 스승으로 삼았고, 법명(法名)을 받게 되어 자계현(慈溪懸) 개수(開壽)의 보광선사(普光禪寺)에 가서 용원(龍源) 화상에 의해 머리를 깎고 중이 되었다.

그대로 오대율사(五臺律寺)로 가서 설애(雪涯) 화상에게 구족계를 받은 뒤에 짐을 꾸려 서쪽으로 향해 행각을 떠나 수행을 하다가 나중에 다시 은사이신 용원 화상을 만나 이 산으로 옮겨 왔다.

스승을 따라 배움에 참여하고 이로움을 구한 지 벌써 여러 해가 되었다. 항상 스승의 은혜를 생각하면서도 갚을 기회가 없었다. 그런데 삼가 윗대로부터의 부처와 조사들을 수록한 경덕전등록 30권을 보니 7불로부터 법안(法眼)의 법사(法嗣)에 이르기까지 전부 52세대(世代)인데, 경덕(景德)에서 연우(延祐) 병진년에 이르기까지 317년이나 지나서 옛 판본이 다 썩어버려 남아있지 않기 때문에 후학들이 보고 싶어도 볼 수가 없었다. 이에 발심하여 다시 간행한다.

홀연히 내 고향에 있는 천성선사(天聖禪寺)의 송려(松廬) 화상이 소장하고 있던, 여산(廬山)의 은암(隱庵)에서 찍은 옛 책이 가장 보존이 잘된 상태로 입수되었는데, 아주 내 마음에 들었다. 마침내 병진(丙辰)년 정월 10일에 의발 등속을 모두 팔아 1만 2천여 냥을 얻었다. 그날 당장에 공인(工人)에게 간행할 것을 명하여 조사의 도리가 세상에 유포되게 하였다. 이 책은 모두 36만 7천 9백 17자이다. 그해 음력 12월 1일에야 공인의 작업이 끝났다.

당장에 300부를 인쇄하여 전당강(錢塘江) 남북지역과 안중(安衆)지역[9]의 여러 명산(名山)의 방장(方丈)[10]과 몽당(蒙堂)[11]과 여러 요사(寮舍)[12]에 한 부씩을 비치케 하여 온 세상의 도를 분변(分辨)하는 참선납자(參禪衲子)들이 참구하기에 편하도록 하였다. 이를 잘 이용하여 사은(四恩)[13]을 갚고 아울러 삼유(三有)의 중생[14]에게도 도움이 되기 바란다.

대원(大元) 연우(延祐) 3년[15] 음력 12월 1일
늙은 중 희위(希渭)가 삼가 쓰고
젊은 비구 문아(文雅)가 간행을 감독하고
주지 비구 사순(士洵)이 간행하다.

---

9) 두 지역은 희위 스님의 고향인 호주(湖州)와 비교적 인접한 지역들이다.

10) 방장(方丈) : 절의 주지가 거처하는 방. 지금은 견성한 이가 아니더라도 주지를 맡고 있으나 그 당시에는 견성한 도인이라야 그 절의 주지를 맡았다. 따라서 방장에는 대체로 법이 높은 스님이 기거하는 경우가 대부분이었다.

11) 몽당(蒙堂) : 승사(僧寺)의 일에서 물러난 사람이 거처하는 방.

12) 요사(寮舍) : 절에서 대중이 숙식하는 방.

13) 사은(四恩) : 보시(布施), 자애(慈愛), 화도(化導), 공환(共歡)의 네가지 시은(施恩), 또는 부모(父母), 중생(衆生), 국왕(國王), 삼보(三寶)의 네가지 지은(知恩).

14) 삼유(三有)의 중생 : 욕계(慾界), 색계(色界), 무색계(無色界)의 삼계(三界)를 유전하는 미혹한 중생.

15) 서기 1316년.

차 례

일러두기

1. 대만에서 펴낸 『경덕전등록(景德傳燈錄)』(宋釋道原 編, 新文豐出版公司, 民國 75년, 1986년)에 의거해서 번역했으며 누락된 부분 없이 완역하였다.
2. 농선 대원 선사가 각 선사장마다 선리의 토끼뿔을 더하여 닦아 증득하는데 도움이 되도록 하였다.
3. 뜻이 통하지 않는데도 오자가 아닐 때는 옛 한문 사전에서 그 조사 당시에 그 글자가 어떻게 쓰였는가를 찾아 번역하였다. 예를 들어 '還'자가 돌아올 '환'으로가 아니라 영위할 '영'으로 쓰여 뜻이 통한 경우에는 '영위하다' '누리다'로 의역하였다.
4. 선사들의 생몰연대는 여러 기록된 내용이 일치하지 않거나 미상으로 되어 있는 바가 많아, 각 선사 당시의 나라와 왕의 연대, 불교의 상황 등을 역사학자들이 전문적으로 연구하여 밝혀야 할 부분이 있기에, 이 책에서는 여러 자료와 연구 결과가 일치된 내용만을 주에서 표기하였다.
5. 첨가한 주의 내용은 불교에 대한 지식이 없는 이들도 선문답을 참구해 가는데 도움이 되도록 간략하게 달았으며, 주의 내용에 따라서는 사전적인 뜻보다는 선리(禪理)로서 그 뜻을 밝혀 마음에 비추어 참구할 수 있도록 하였다.

17권 법계보

길주(吉州) 청원산(靑原山) 행사(行思) 선사의 제5세 112인 중 26인

원주(袁州) 동산(洞山) 양개(良价) 선사의 법손 26인

- 홍주(洪州) 운거(雲居) 도응(道膺) 선사
- 무주(撫州) 조산(曹山) 본적(本寂) 선사
- 동산(洞山) 도전(道全) 선사(제2세 주지)
- 호남(湖南) 용아산(龍牙山) 거둔(居遁) 선사
- 경조(京兆) 화엄사(華嚴寺) 휴정(休靜) 선사
- 경조(京兆) 현자(蜆子) 화상
- 균주(筠州) 구봉(九峯) 보만(普滿) 대사
- 태주(台州) 유서(幽棲) 도유(道幽) 선사
- 후동산(後洞山) 사건(師虔) 선사(제3세 주지)
- 낙경(洛京) 백마(白馬) 둔유(遁儒) 선사
- 월주(越州) 건봉(乾峯) 화상
- 길주(吉州) 화산(禾山) 화상
- 명주(明州) 천동산(天童山) 함계(咸啓) 선사
- 담주(潭州) 보개산(寶蓋山) 화상
- 익주(益州) 북원(北院) 통(通) 선사
- 고안(高安) 백수(白水) 본인(本仁) 선사
- 무주(撫州) 소산(踈山) 광인(光仁) 선사
- 예주(澧州) 흠산(欽山) 문수(文邃) 선사

(이상 18인은 본문에 기록되어 있다. 원주)

- 명주(明州) 천동산(天童山) 의(義) 선사
- 대원(大原) 자성(資聖) 방(方) 선사
- 신라국(新羅國) 금장(金藏) 화상
- 익주(益州) 백(白) 화상
- 담주(潭州) 문수(文殊) 화상
- 서주(舒州) 백수산(白水山) 화상
- 소주(邵州) 서호(西湖) 화상
- 청양(靑陽) 통현(通玄) 화상

(이상 8인은 본문에 기록되어 있지 않다. 원주)

길주(吉州) 청원산(靑原山) 행사(行思) 선사의 제6세 205인 중 43인

악주(鄂州) 암두(巖頭) 전활(全豁) 선사의 법손 9인

- 태주(台州) 서암(瑞巖) 사언(師彥) 선사
- 회주(懷州) 현천(玄泉) 언(彥) 선사
- 길주(吉州) 영암(靈巖) 혜종(慧宗) 선사
- 복주(福州) 나산(羅山) 도한(道閑) 선사
- 복주(福州) 향계(香谿) 종범(從範) 선사
- 복주(福州) 나원(羅源) 성수(聖壽) 엄(嚴) 선사

(이상 6인은 본문에 기록되어 있다. 원주)

- 홍주(洪州) 대녕(大寧) 해일(海一) 선사
- 신주(信州) 아호(鵝湖) 산소(山韶) 화상
- 홍주(洪州) 대녕(大寧) 눌(訥) 화상

(이상 3인은 본문에 기록되어 있지 않다. 원주)

홍주(洪州) 감담(感潭) 자국(資國) 화상의 법손 1인

- 안주(安州) 백조산(白兆山) 축건원(竺乾院) 현교(顯教) 지원(志圓) 선사

(이상 1인은 본문에 기록되어 있다. 원주)

호주(濠州) 사명(思明) 화상의 법손 1인

- 양주(襄州) 취령(鷲嶺) 선본(善本) 선사

(이상 1인은 본문에 기록되어 있다. 원주)

담주(潭州) 대광산(大光山) 거회(居誨) 선사의 법손 13인

- 담주(潭州) 곡산(谷山) 유연(有緣) 선사
- 담주(潭州) 용흥(龍興) 화상
- 담주(潭州) 복룡산(伏龍山) 화상(제1세 주지)
- 경조(京兆) 백운(白雲) 선장(善藏) 선사
- 담주(潭州) 복룡산(福龍山) 화상(제2세 주지)
- 협부(陝府) 용준산(龍峻山) 화상

- 담주(潭州) 복룡산(伏龍山) 화상(제3세 주지)

(이상 7인은 본문에 기록되어 있다. 원주)

- 대광산(大光山) 현(玄) 선사
- 장주(漳州) 등하(藤霞) 화상
- 송주(宋州) 정각(淨覺) 화상
- 화주(華州) 숭승(崇勝) 증(證) 화상
- 악주(鄂州) 영수(永壽) 화상
- 악주(鄂州) 영죽(靈竹) 화상

(이상 6인은 본문에 기록되어 있지 않다. 원주)

균주(筠州) 구봉(九峰) 도건(道虔) 선사의 법손 10인

- 신라(新羅) 청원(淸院) 화상
- 홍주(洪州) 늑담(泐潭) 보봉(寶峯) 신당(神黨) 선사
- 길주(吉州) 남원산(南源山) 행수(行修) 선사
- 홍주(洪州) 늑담(泐潭) 명(明) 선사
- 길주(吉州) 추산(秋山) 화상
- 홍주(洪州) 늑담(泐潭) 연무(延茂) 선사
- 홍주(洪州) 봉서산(鳳棲山) 동안원(同安院) 상찰(常察) 선사
- 홍주(洪州) 늑담(泐潭) 광오(匡悪) 선사(제4세 주지)
- 길주(吉州) 화산(禾山) 무은(無殷) 선사
- 홍주(洪州) 늑담(泐潭) 모(牟) 화상

(이상 10인은 본문에 기록되어 있다. 원주)

태주(台州) 용천(涌泉) 경흔(景欣) 선사의 법손 1인

- 태주(台州) 육통원(六通院) 소(紹) 선사

(이상 1인은 본문에 기록되어 있다. 원주)

담주(潭州) 운개산(雲蓋山) 지원(志元) 선사의 법손 3인

- 담주(潭州) 운개산(雲蓋山) 지한(志罕) 선사
- 신라(新羅) 와룡(臥龍) 화상
- 팽주(彭州) 천태(天台) 화상

(이상 3인은 본문에 기록되어 있다. 원주)

담주(潭州) 곡산(谷山) 장(藏) 선사의 법손 3인

- 신라(新羅) 서암(瑞巖) 화상
- 신라(新羅) 박암(泊巖) 화상
- 신라(新羅) 대령(大嶺) 화상

(이상 3인은 본문에 기록되어 있다. 원주)

담주(潭州) 중운개(中雲蓋) 화상의 법손 1인

- 담주(潭州) 운개산(雲蓋山) 증각(證覺) 경(景) 화상

(이상 1인은 본문에 기록되어 있다. 원주)

17권 법계보

하중부(河中府) 서암(棲巖) 존수(存壽) 선사의 법손 1인

- 도덕(道德) 선사

(이상 1인은 본문에 기록되어 있지 않다. 원주)

청원(青原) 행사(行思) 선사의
5세 6세 법손(法孫)

길주(吉州) 청원(青原) 행사(行思) 선사의 제5세
원주(袁州) 동산(洞山) 양개(良价) 선사의 법손

홍주(洪州) 운거(雲居) 도응(道膺) 선사

도응 선사는 유주(幽州) 옥전 사람으로 성은 왕(王)씨이다. 어릴 때에 스승에 의지하여 교법을 배우다가 25세에 범양(范陽)의 연수사(延壽寺)에서 구족계를 받았다. 은사(恩師)가 성문의 소승률을 익히라 하니,이에 대사가 한탄하였다.

"대장부가 어찌 계율에 얽매이겠는가?"

吉州青原行思禪師第五世。袁州洞山良价禪師法嗣。洪州雲居道膺禪師。幽州玉田人也。姓王氏。童丱依師稟教。二十五受具於范陽延壽寺。本師令習聲聞篇聚。乃歎曰。大丈夫豈可桎梏於律儀耶。

그리고는 취미산(翠微山)에 가서 도를 물었다. 3년 후 행각을 다니는 승려가 예장(豫章)에서 와서 동산 양개 선사의 법석(法席)을 굉장히 칭찬하니, 대사는 드디어 그의 말을 따라 그곳으로 갔다.

동산이 대사에게 물었다.
"그대의 이름이 무엇인가?"
"도응입니다."
"모든 것을 초월했다는 것마저 세우지 않는 도리를 말해 봐라."
"모든 것을 초월했다는 것마저 세우지 않는 도리라면 도응이라고도 할 수 없습니다."
"내가 운암(雲巖)에 있을 때에 대답하던 것과 다르지 않구나."

나중에 대사가 물었다.
"어떤 것이 조사의 뜻입니까?"
동산이 말하였다.

乃去詣翠微山問道。經三載。有雲遊僧自豫章來。盛稱洞山价禪師法席。師遂造焉。洞山問曰。闍梨名什麼。曰道膺。洞山云。向上更道。師云。向上道即不名道膺。洞山曰。與吾在雲巖時祗對無異也。後師問。如何是祖師意。洞山曰。

"그대가 뒷날 암자를 지어놓고 주지가 되었을 때에 어떤 사람이 와서 물으면 그대는 무엇이라 대답하겠는가?"

"도응이 잘못했습니다."

언젠가 동산이 대사에게 말하였다.

"내가 듣건대 사대 화상(思大和尚)[1]이 왜국(倭國)에 태어나서 왕이 되었다는데 사실인지 알고 싶다."

대사가 말하였다.

"만일 진실로 사대 화상이라면 부처도 되지 않겠거늘, 하물며 국왕이겠습니까?"

동산이 수긍하였다.

어느 날 동산이 물었다.

"어디를 갔다 왔는가?"

대사가 대답하였다.

"산을 돌고 옵니다."

闍梨他後有一把茅蓋頭。忽有人問闍梨如何祗對。曰道膺罪過。洞山有時謂師曰。吾聞思大和尚生倭國作王虛實。曰若是思大佛亦不作。況乎國王。洞山然之。一日洞山問。什麽處去來。師曰。蹋山來。

---

1) 사대 화상(思大和尚) : 중국 천태종의 제2조 혜사(慧思) 선사.

동산이 말하였다.
"어느 산이 머물만 하던가?"
대사가 말하였다.
"어느 산인들 머묾이 없겠습니까?"
"그렇다면 온 나라 안이 온통 그대에게 점령을 당했구나."
"그런 것도 아닙니다."
"그러면 그대는 들어갈 길을 얻었구나."
"길도 없습니다."
"길이 없으면 어떻게 나와 서로 볼 수 있겠는가?"
"길이 있다면 화상과 생사의 간격이 생깁니다."
동산이 말하였다.
"이 사람은 나중에 천만 사람이 붙들어도 잡지 못하리라."

대사가 동산을 따라 물을 건너는데, 동산이 물었다.
"물이 얼마나 깊은가?"

洞山曰。阿那箇山堪住。曰阿那箇山不堪住。洞山曰。恁麼即國內總被闍梨占卻也。曰不然。洞山曰。恁麼即子得箇入路。曰無路。洞山曰。若無路爭得與老僧相見。曰若有路即與和尚隔生去也。洞山曰。此子已後千人萬人把不住。師隨洞山渡水。洞山問水深淺。

대사가 말하였다.
"젖지 않습니다."
"거친 사람이구나."
"스님께서 말씀해 보십시오."
"마른 것이라고도 말라."

동산이 대사에게 말하였다.
"옛날에 남전(南泉)이 『미륵하생경(彌勒下生經)』을 강의하는 승려에게 묻기를 '미륵이 언제 하생하는가?'라고 하니, 그가 말하기를 '천궁〔兜率天〕에 계시다 하생한다 하니 보십시오.'라고 하였다. 이에 남전이 말하기를 '하늘에도 미륵이 없고, 땅에도 미륵이 없다.'라고 하였느니라."
이에 대사가 얼른 이 이야기를 들어서 물었다.
"하늘에도 미륵이 없고, 땅에도 미륵이 없다면 누가 이름을 지었습니까?"
동산이 곧 바로 선상을 뒤흔들며 말하였다.
"도응아!"

曰不濕。洞山曰。麁人。曰請師道。洞山曰。不乾。洞山謂師曰。昔南泉問講彌勒下生經僧曰。彌勒什麼時下生。曰見在天宮當來下生。南泉曰。天上無彌勒地下無彌勒。師隨舉而問曰。只如天上無彌勒地下無彌勒。未審誰與安字。洞山直得禪床震動乃曰。膺闍梨。

대사가 장을 담그는데, 동산이 물었다.
"무엇을 하는가?"
대사가 말하였다.
"장을 담급니다."
"소금을 얼마나 넣었는가?"
"넣어서 저었습니다."
"어떤 맛이 나는가?"
"알맞습니다."

동산이 물었다.
"대천제(大闡提)[2]는 부모를 죽이고 부처의 몸에서 피를 내고 화합한 승단을 깨뜨렸는데, 이런 갖가지 죄악에 효양(孝養)[3]이 어찌 있겠는가?"
대사가 대답하였다.
"비로소 효양을 하게 된 것입니다."

師合醬次洞山問。作什麼。師曰。合醬。洞山曰。用多少鹽。曰旋入。洞山曰。作何滋味。師曰。得。洞山問。大闡提人殺父害母出佛身血破和合僧。如是種種孝養何在。師曰。始得孝養。

---

2) 대천제(大闡提) : 선근이 끊어져 성불하지 못하는 이.
3) 효양(孝養) : 효도를 다하여 부모를 공양하는 것.

이로부터 동산이 입실을 허락하여 대중 가운데서 우두머리가 되었다. 처음에 삼봉(三峯)에 있을 때에는 그 덕화가 넓지 못하였는데, 나중에 운거산에 살기 시작하면서부터 사부대중이 구름같이 모였다.

어느 날 법상에 올라 옛사람이 '지옥의 고통이 괴로운 것이 아니고, 법복 밑에서 큰일을 밝히지 못하는 것이 가장 괴롭다.'라고 한 말을 들어 대중에게 말하였다.

"그대들이 이미 이런 수행의 무리에 있을진대 10분의 9를 버렸더라도 많은 것은 아니다. 다시 적은 것에 힘써 분명해야 곧 상좌들의 평생 행각을 욕되지 않게 하고, 총림을 저버리지 않게 된다.

옛사람이 말하기를 '이 일을 보림 하려면 모름지기 높고 높은 산봉우리에 서고, 깊고 깊은 물속으로 다녀라. 그래야만 조그마한 힘이 있다 할 것이다.'라고 하였으니, 그대들이 만약 이 큰일을 이루지 못했거든 현묘한 길을 더 걸어야 한다."

自爾洞山許之為室中領袖。初止三峯其化未廣。後開雲居山四眾臻萃。一日上堂。因舉古人云。地獄未是苦。向此袈裟下不明大事失却最苦。師乃謂眾曰。汝等既在這箇行流。十分去九不較多也。更著些力便是上坐不屈平生行脚。不孤負叢林。古人道。欲得保任此事。須向高高山頂立深深水底行。方有些子氣力。汝若大事未辦。且須履踐玄途。

"어떤 것이 사문이 소중히 여겨야 할 바입니까?"
"마음과 의식으로는 이르지 못할 곳이니라."

"부처님과 조사와의 사이에는 어떤 계급이 있습니까?"
"이것을 갖춘 것이 계급이다."

"어떤 것이 서쪽에서 오신 뜻입니까?"
"옛길에서는 사람을 만날 수 없느니라."

가관(可觀) 상좌가 물었다.
"표식도 과녁도 없으니, 스님께서 속히 가리켜 주십시오."
대사가 말하였다.
"지금은 어떠한가?"
"말하라면 못할 것은 없으나 말하는 것을 좋아하지 않습니다."
"어찌 그대뿐이겠는가?"

問如何是沙門所重。師曰。心識不到處。問佛與祖有何階級。師曰。俱是階級。問如何是西來意。師曰。古路不逢人。可觀上座問。的罷標指請師速接。師曰。即今作麼生。觀曰。道即不無莫領話好。師曰。何必闍梨。

승려가 물었다.

“어떤 것이 입으로 결단하는 것입니까?”

대사가 말하였다.

“가까이 오라. 그대에게 말해 주리라.”

승려가 가까이 서서 말하였다.

“말씀해 주십시오.”

“알았다, 알았어.”

대사가 양화(癢和)[4]를 던지면서 말하였다.

“대중은 알겠는가?”

대중이 대답하였다.

“모르겠습니다.”

“참새 쫓는 물건도 모르는가?”

승려가 물었다.

“어찌하여야 화상을 괴롭히지 않겠습니까?”

問如何是口訣。師曰。近前來向汝道。僧近前曰。請師道。師曰。也知也知。師擲癢和問。衆還會麼。衆曰。不會。師曰。趁雀兒也不會。問如何得不惱亂和尚。

4) 양화(癢和) : 등을 긁는 도구.

대사가 말하였다.
"처덕(處德)을 내게로 불러다오."
그 승려가 가서 불러오니, 대사가 말하였다.
"문을 닫아다오."

"마조(馬祖)는 84인의 선지식을 내었는데, 화상은 몇 사람을 내었습니까?"
대사가 손을 펴 보였다.

"어떤 것이 구경의 사람이 행할 곳입니까?"
"천하태평이니라."

"객지에 나갔던 자식이 돌아올 때에는 어떠합니까?"
"돌아오니 반갑다."
"무엇을 바칩니까?"
"아침에 삼천 방망이 저녁에 팔백 방망이를 때린다."

師曰。與我喚處德來。僧遂去喚來。師曰。與我閉却門。問馬祖出八十四[5]人善知識。未審和尚出多少人。師展手示之。問如何是向上人行履處。師曰。天下太平。問遊子歸家時如何。師曰。且喜歸來。曰將何奉獻。師曰。朝打三千暮打八百。

---

5) 四가 송, 원나라본에는 八로 되어 있다.

대사가 대중에게 말하였다.

"좋은 사냥개는 자취를 잘 찾지만, 영양(羚羊)이 뿔을 나무에 걸고 매달리면 자취뿐 아니라 숨소리도 모른다."

어떤 승려가 물었다.

"영양이 뿔을 나무에 걸었을 때에는 어떠합니까?"

"6 · 6은 36이니라."

대사가 또 말하였다.

"알겠는가?"

"모르겠습니다."

"자취가 없다고 하지 않았는가?"[6)]

대중이 밤에 법문을 청하러 모였는데 시자가 등불을 가지고 오니, 벽에 그림자가 생기는 것을 보고 어떤 승려가 물었다.

師謂眾曰。如好獵狗。只解尋得有蹤迹底。忽遇羚羊掛角。莫道跡氣亦不識。僧問。羚羊掛角時如何。師曰。六六三十六。又曰。會麼。僧曰。不會。師曰。不見道無蹤迹(有僧舉似趙州。趙州云。雲居師兄猶在。僧乃問。羚羊掛角時如何。趙州云。六六三十六)。眾僧夜參。侍者持燈來。見影在壁上有僧便問。

6) 어떤 승려가 이 이야기를 들어 조주(趙州)에게 말하니, 조주가 말하기를 "운거 사형은 태연히도 살고 있구나." 하였다. 그 승려가 다시 묻기를 "영양이 뿔을 걸었을 때에는 어떠합니까?" 하니, 조주가 말하기를 "6 · 6은 36이니라." 하였다. (원주)

"두 개가 똑같을 때에는 어떠합니까?"
대사가 말하였다.
"하나라 해도 그림자이니라."

"학인이 고향으로 돌아가고자 할 때에는 어떠합니까?"
"다만 이것뿐이니라."

신라(新羅)의 승려가 물었다.
"불타파리(佛陀波利)[7]가 문수를 보고서 왜 돌아갔습니까?"
"오지도 않았는데 돌아갔다 하랴."

대사가 대중에게 말하였다.
"불법을 배우는 사람은 못을 끊고 쇠를 자르는 기질이라야 한다."

兩箇相似時如何。師曰。一箇是影。問學人擬欲歸鄉時如何。師曰。只這是。新羅僧問。佛陀波利見文殊。為什麼却迴去。師曰。只為不將來所以却迴去。師謂眾曰。學佛法底人如斬釘截鐵始得。

---

7) 불타파리(佛陀波利) : 북인도의 승려. 불타파리가 도를 찾아 문수의 도량인 오대산에 갔다가 한 노인을 만났는데, 그 노인이 『불정존승다라니경』을 번역하여 중생들을 이롭게 하면 문수를 만날 수 있다고 하여서 다시 인도로 돌아가 이 경을 번역해 냈다. 그 후 오대산에 들어가 행적이 끊겼다.

이때에 어떤 승려가 나서서 물었다.

"화상의 못과 무쇠를 청합니다."

대사가 말하였다.

"입속의 것은 무엇인가?"

어떤 승려가 물었다.

"경전에 이르기를 '이 사람이 전생의 죄업으로 마땅히 악도에 떨어질 것을 지금 사람들에게 경멸과 천대를 받는 연고로 (전생의 죄업이 곧 녹아 없어진다)[8].'라고 하였는데, 이 뜻이 무엇입니까?"

대사가 말하여다.

"움직이면 악도에 떨어지고 고요하면 남에게 천대를 받는다."[9]

어떤 승려가 물었다.

時一僧出曰。便請和尚釘鐵。師曰。口裏底是什麽。僧問。承教有言。是人先世罪業應墮惡道以今世人輕賤。此意如何。師曰。動即應墮惡道。靜即為人輕賤(崇壽稠答云。心外有法應墮惡道。守住自己為人輕賤)。僧問。

---

8) (전생의 죄업이 곧 녹아 없어진다)는 내용은 한자 원문에는 없는 부분이나 『금강경』의 '是人先世罪業應墮惡道以今世人輕賤 故先世罪業卽爲消滅' 구절 중 '故先世罪業卽爲消滅' 부분으로 글의 이해를 돕기 위해 첨가하였다.

9) 숭수조(崇壽稠)가 말하기를 "마음 이외의 법이 있다 하면 악도에 떨어지고, 자기의 본분만을 지키면 남에게 업신 여김을 받는다." 하였다. (원주)

“향적세계(香積世界)[10]의 밥은 누가 먹을 수 있습니까?”
대사가 말하였다.
“먹을 줄 아는 이의 입에 들어갔다 해도 긁어내리라.”

어떤 승려가 방 안에서 경을 읽는데, 대사가 창밖에서 물었다.
“그대가 읽는 것이 무슨 경인가?”
“『유마경』입니다.”
“『유마경』을 물은 것이 아니라 생각하는 것이 무슨 경인가?”
그 승려가 이로부터 깨달았다.

“높고 높아서 드높을 때에는 어떠합니까?”
“높고 높아서 드높으니라.”
“잘 모르겠습니다.”
“눈앞에 있는 안산(案山)도 모르는가?”

香積之飯什麼人得喫。師曰。須知得喫底人。入口也須抉出。有一僧在房內念經。師隔窓問。闍梨念者是什麼經。對曰。維摩經。師曰。不問維摩經。念者是什麼經。其僧從此得入。問孤逈且[11]巍巍時如何。師曰。孤逈且[12]巍巍。僧曰。不會。師曰。面前案山子也不會。

---

10) 향적세계(香積世界) : 부처님 나라. 『유마힐경(維摩詰經)』 향적품(香積品)에 중향(衆香)이라는 나라의 부처님 이름이 향적(香積)이라고 하였다.
11) 且가 원나라본에는 峭로 되어 있다.
12) 且가 원나라본에는 峭로 되어 있다.

신라의 승려가 물었다.

"무엇이기에 그렇게 이르기가 어렵습니까?"

대사가 말하였다.

"무엇이 그렇게 이르기 어렵다 하는가?"

"화상께서 일러 주십시오."

"신라, 신라이니라."

"눈 밝은 사람이 왜 칠(漆)같이 검습니까?"

"무엇이 의심스러운가?"

형남(荊南) 절도사(節度使) 성예(成汭)가 대장을 산으로 보내 공양을 올리고 그 편에 물었다.

"세존께서는 비밀한 말씀을 하셨고 가섭은 숨기지 않았다는데, 어떤 것이 세존의 비밀한 말씀입니까?"

대사가 불렀다.

"상서(尙書)여!"

新羅僧問。是什麼得恁麼難道。師曰。有什麼難道。曰便請和尚道。師曰。新羅新羅。問明眼人為什麼黑如漆。師曰。何怪。荊南節度使成汭遣大將入山送供。問曰。世尊有密語迦葉不覆藏。如何是世尊密語。師召曰。尚書。

그 사람이 대답하니, 대사가 말하였다.

"알겠는가?"

"모르겠습니다."

"그대가 모르는 것이 세존의 비밀한 말씀이요, 그대가 아는 것이 가섭이 숨기지 않은 것이니라."

어떤 승려가 물었다.

"금방 태어난 아기는 왜 아무것도 모릅니까?"

대사가 말하였다.

"난 적도 없다."

"나기 전에는 어떠합니까?"

"멸한 적도 없느니라."

"나기 전에는 어느 곳에 있었습니까?"

"곳이 있다면 거두지 못한다."

"어떤 사람이 멸합니까?"

"멸할 수 없다."

其人應諾。師曰。會麼。曰不會。師曰。汝若不會世尊密語。汝若會迦葉不覆藏。僧問。纔生為什麼不知有。師曰。不同生。曰未生時如何。師曰。不曾滅。曰未生時在什麼處。師曰。有處不收。曰什麼人受滅。師曰。是滅不得者。

대사가 대중에게 말하였다.

"그대들이 말을 하거나 기염을 토하려면 반드시 까닭이 있어야 한다. 모든 일을 물을 때에는 모름지기 좋고 나쁨과 높고 낮음, 귀하고 천함을 알아야 한다. 입만 믿으면 이익이 없다. 가는 곳마다 옆집의 비슷한 말만을 찾으니, 그 까닭에 항상 여러분에게 말하기를 '비슷하지 않다고 걱정하지 말라.'고 했다. 비슷하게 배운 것이 너무 많을까 걱정되기 때문이다.

첫째로 가지고 오지 말라. 가지고 오는 것이 다 같은 것만은 아니다. 팔십 노인이 과거를 보러 가는 것은 아이들의 장난이 아니다. 한 마디가 틀리면 천리만리나 어긋나서 거두기 어려우니, 뼈를 깨뜨려 골수에 바로 이르러야 비로소 실마리가 풀리고, 말이 가위같이 서로 연결되어 끊어지지 않아야 옳다.

머리 머리 위에 갖추고, 물건 물건 위에 새로우면 가히 이 정밀함에 묘함을 얻은 일이 아니겠는가?

師謂衆曰。汝等師僧家。發言吐氣須有來由。凡問事須識好惡尊卑良賤。信口無益。傍家到處覓相似語。所以尋常向兄弟道。莫怪不相似。恐同學太多去。第一莫將來。將來不相似。八十老人出場屋。不是小兒戲。一言參差千里萬里難為收攝。直至敲骨打髓須有來由。言語如鉗夾鉤鎖相續不斷始得。頭頭上具物物上新。可不是精得妙底事。

그대에게 말하니, 아는 이는 끝내 차례를 취하지 않으니, 열 차례 말하려 하다가 아홉 차례를 쉰다. 왜 그렇겠는가? 이익이 없을까 걱정되기 때문이다. 체득한 사람은 마음을 선달의 부채와 같이 하여 입가에 곰팡이가 나듯 한다. 억지로 시켜서 그러는 것이 아니라 마음대로 운용하여 이러-할 뿐이다.

이러-한 일을 얻고자 하면 모름지기 이러-한 사람이라야 하니, 이미 이러-한 사람이라면 어찌 이러-한 일을 근심하랴.

부처님 주변의 일만 배운다면 마음을 잘못 쓰는 것이니, 설사 천 권의 경전과 만 권의 논(論)을 알고, 강의할 때에 하늘에서 꽃이 떨어지고 돌이 고개를 끄덕인다 하여도 자기의 일과는 전혀 관계가 없거늘, 하물며 그 밖의 것을 어디에 쓰랴.

유한(有限)한 마음의 식(識)으로 무한(無限)한 가운데의 작용을 짓는다는 것은 마치 모난 나무를 둥근 구멍에 맞추는 것 같아서 어긋난다.

道汝知有底人終不取次。十度擬發言九度却休去。為什麼如此。恐怕無利益。體得底人心如臘月扇。口邊直得醭出。不是汝彊為。任運如此。欲得恁麼事須是恁麼人。既是恁麼人何愁恁麼事。學佛邊事是錯用心。假饒解千經萬論。講得天華落石點頭。亦不干自己事。況乎其餘。有何用處。若將有限心識作無限中用。如將方木逗圓孔多少差訛。

설사 꽃과 비단을 모아서 일마다 모두 완성하고, 또 모든 일을 완성했다 해도 역시 일이나 마친 사람이지 초월했다는 것마저 없는 사람이라고 하랴. 끝내 존귀하다고 할 것도 없느니라. 존귀함을 안다지만 무슨 물건인들 얻었겠는가? 보지 못했는가? 문으로 들어오는 것은 보배가 아니요, 방망이를 쫓으면 용(龍)을 이루지 못한다 했느니라. 알겠는가?"

대사가 이와 같이 30년 동안 현현한 진리를 강설하니, 무리들이 항상 천오백 명에 이르러서 남창 주씨(南昌周氏)가 더욱 그의 가풍을 공경하였다.

당의 천복(天復) 원년 가을에 병이 나더니, 12월 28일에 대중에게 마지막 방편을 열어 출세간(出世間)의 시작과 마지막의 뜻을 펴니, 대중이 모두가 슬퍼하였다.

設使攢花簇錦。事事及得。及盡一切事。亦只喚作了事人無過人。終不喚作尊貴。將知尊貴邊著得什麼物。不見從門入者非寶棒上不成龍知麼。師如是三十年開發玄鍵。徒衆常及千五百之數。南昌周氏尤所欽風。唐天復元年秋示微疾。十二月二十八日為大衆開最後方便。敘出世始卒之意。衆皆愴然。

이듬해 정월 3일에 가부좌를 맺고 입적하니, 지금도 본산(本山)에는 영당(影堂)이 있다. 시호는 홍각 대사(弘覺大師)이고, 탑호는 원적(圓寂)이라 하였다.

越明年正月三日跏趺長往。今本山影堂存焉。勅謚弘覺大師。塔曰圓寂。

토끼뿔

ꩰ "향적세계의 밥은 누가 먹을 수 있습니까?" 했을 때

대원은 "그런 밥이면 향적의 것이라 하겠느냐?" 하리라.

ꩰ "금방 태어난 아기는 왜 아무 것도 모릅니까?" 했을 때

대원은 한 방망이 아프게 때리고 "거기에 뭣이 있거든 빨리 일러 봐라, 빨리 일러 봐." 했을 것이다.

무주(撫州) 조산(曹山) 본적(本寂) 선사

본적 선사는 천주(泉州) 포전(莆田)사람으로 성은 황(黃)씨이다. 어릴 적에 유학(儒學)을 흠모하다가 19세에 출가하여 복주(福州)의 복당현(福唐縣)에 있는 영석산(靈石山)으로 들어가서 25세에 계를 받았다.

당의 함통 초엽에 선종이 융성하였는데, 때마침 동산 양개 선사가 도량에 자리하고 있어서 법을 물으러 가니, 동산이 물었다.

"그대의 이름이 무엇인가?"

대사가 말하였다.

"본적(本寂)입니다."

"모든 것을 초월했다는 것마저 세우지 않는 도리를 말해 봐라."

"말할 수 없습니다."

"어째서 말하지 못하는가?"

"본적이라고도 이름할 수 없기 때문입니다."

撫州曹山本寂禪師。泉州莆田人也。姓黃氏。少慕儒學。年十九出家。入福州福唐縣靈石山。二十五登戒。唐咸通初禪宗興盛。會洞山价禪師坐道場。往來請益。洞山問。闍梨名什麼。對曰。本寂。曰向上更道。師曰。不道。曰為什麼不道。師曰。不名本寂。

이에 동산이 큰 그릇으로 여기었다. 이로부터 대사가 동산에게 입실하여 깨달은 바를 인가 받고, 그 주변에 머물기를 몇 해 만에 동산을 하직하니, 동산이 물었다.

"어디로 가려는가?"

대사가 말하였다.

"변하지 않는 곳으로 갑니다."

"변하지 않는다면 어찌 간다는 것이 있겠는가?"

"간다 해도 변하지 않습니다."

그리고는 이내 떠나서 인연 따라 방랑하였다. 처음에는 청을 받아 무주(撫州)의 조산(曹山)에 살다가 나중에는 하옥산(荷玉山)에 살았는데, 두 곳의 법석에 학자들이 구름같이 모였다.

어떤 이가 물었다.

"만 가지 법과 짝이 되지 않는 이는 누구입니까?"

대사가 말하였다.

洞山深器之。師自此入室密印所解。盤桓數載。乃辭洞山。洞山問。什麼處去。曰不變異處去。洞山云。不變異豈有去耶。師曰。去亦不變異。遂辭去。隨緣放曠。初受請止於撫州曹山。後居荷玉山。二處法席學者雲集。問不與萬法為侶者是什麼人。師曰。

"그대는 홍주(洪州)에 있던 많은 사람들이 어디로 갔다고 하겠는가?"

어떤 이가 물었다.
"눈썹과 눈이 서로 압니까, 모릅니까?"
대사가 말하였다.
"서로 모른다."
"어째서 서로 알지 못합니까?"
"온통인 곳에 함께 있기 때문이다."
"그렇다면 나뉠 수 없겠군요."
대사가 말하였다.
"그러나 눈썹은 눈이 아니니라."
"어떤 것이 눈입니까?"
"분명하다."
"어떤 것이 눈썹입니까?"

汝道洪州裏許多人什麼處去也。問眉與目還相識也無。師曰。不相識。曰為什麼不相識。師曰。為同在一處。曰恁麼即不分也。師曰。眉且不是目。曰如何是目。師曰。端的去。曰如何是眉。

대사가 말하였다.

"나는 의심하지 않는다."

"화상께서는 왜 의심하지 않습니까?"

"본래대로여서 의심할 것 없이 분명하기 때문이니라."

"형상에서는 무엇이 참입니까?"

"형상 그대로가 곧 참이니라."

"어떻게 해야 명백히 보이겠습니까?"

대사가 탁자(托子)를 더욱 끌어당겼다.

"무엇이 진실한 환(幻)의 근본입니까?"

"원래 참된 것이라 한 것이 환의 근본이다."[13]

"환이거늘 어떻게 나타났습니까?"

"나타난 것이면 바로 환이니라."[14]

師曰。曹山却疑。曰和尙為什麼却疑。師曰。若不疑即端的去也。問於相何真。師曰。即相即真。曰當何顯示。師提起托子。問幻本何真。師曰。幻本元真(法眼別云。幻本不真)。曰當幻何顯。師曰。即幻即顯(法眼別云。幻即無當)。

---

13) 법안(法眼)이 따로 말하기를 "환이라 하면 본래 참될 수 없다." 하였다. (원주)

14) 법안(法眼)이 따로 말하기를 "환이라 하나 곧 대할 수도 없느니라." 하였다. (원주)

"그렇다면 끝내 여읠 환이라는 것도 없겠습니다."
"환을 찾으려 해도 형상을 얻을 수 없느니라."

"어떤 것이 항상 있는 사람입니까?"
"조산이 별안간 나타남을 만나는 것과 똑같다."
"어떤 것이 항상 있지 않는 사람입니까?"
"얻기 어렵겠구나."

청예(淸銳)라는 승려가 와서 물었다.
"저는 외롭고 가난하니 스님께서 구제해 주십시오."
"예 사리(銳闍梨)야, 이리 가까이 오너라."
청예가 가까이 다가서니, 대사가 말하였다.
"천주(泉州) 백씨 댁의 술 석 잔은 아직 입술도 적시지 않았다는 것인가?"[15)]

曰恁麼即始終不離於幻也。師曰。覓幻相不可得。問如何是常在底人。師曰。恰遇曹山暫出。曰如何是常不在底人。師曰。難得。僧清銳問。某甲孤貧乞師拯濟。師曰。銳闍梨近前來。銳近前。師曰。泉州白家酒三盞猶道未沾脣(玄覺云。什麼處是與他酒喫)。

15) 현각(玄覺)이 말하기를 "그에게 술을 주어 먹게 한 곳이 어딘가?" 하였다. (원주)

"의심한다 해서 어찌 이 무리가 아니겠습니까?"
"즉시 의심하지 않는 것 역시 이 무리이니라."
"어떤 것이 다른 무리입니까?"
"아프고 가려운 것을 알지 못한다고 말라."

경청(鏡淸)이 물었다.
"맑고 텅 빈 이치가 끝내 몸이 없을 때에는 어떠합니까?"
대사가 말하였다.
"이치로는 그러하나 일에 있어서는 어떠한가?"
"이치에서나 일에서나 같습니다."
"조산(曹山)의 한 사람쯤은 속일 수 있겠지만, 모든 성현의 눈이야 어찌하겠는가?"
"만일 모든 성현의 눈이 없다면 어찌 이낱〔箇〕[16)]의 그렇지 못함을 감별할 수 있겠습니까?"

問擬豈不是類。師曰。直是不擬亦是類。曰如何是異。師曰。莫不識痛痒。鏡清問。清虛之理畢竟無身時如何。師曰。理即如此事作麼生。曰如理如事。師曰。謾曹山一人即得。爭奈諸聖眼何。曰若無諸聖眼。爭鑒得箇不恁麼。

16) 이낱〔箇〕: 선문(禪門)에서 자성(自性)을 가리키는 말.

대사가 말하였다.

"법으로는 바늘 끝도 용납하지 않지만 사사롭게는 거마(車馬)가 드나드느니라."

운문(雲門)이 물었다.

"바꿀 수 없는 사람이 오면 스님께서 대접해 줄 수 있겠습니까?"

대사가 말하였다.

"조산에는 그렇게 한가로운 공부를 하는 사람이 없다."

"옛사람이 말하기를 사람마다 모두 제자가 있다는데 세속에 살고 있는데도 있습니까?"

대사가 말하였다.

"손을 내밀어라."

그리고는 그의 손가락을 하나하나 가리키면서 말하였다.

"하나, 둘, 셋, 넷, 다섯, 다 있구나."

師曰。官不容針私通車馬。雲門問。不改易底人來師還接否。師曰。曹山無恁麼閑工夫人。問古人云。人人盡有弟子在。塵蒙還有也無。師曰。過手來。乃點指曰。一二三四五足。

"노조(魯祖, 보운 선사)께서 벽을 향해 앉은 것은 무슨 일을 표한 것입니까?"

대사가 손으로 귀를 막았다.

"듣건대 옛사람이 말하기를 '어떤 사람이라도 땅에서 쓰러지면 땅을 짚고 일어나지 않는 이가 없다.'라고 하였는데, 어떤 것이 쓰러지는 것입니까?"

"긍정하면 바로 이것이니라."

"어떤 것이 일어나는 것입니까?"

"일어났구나."

"경전에 이르기를 '큰 바다에 송장이 머물 수 없다.'라고 하였는데, 어떤 것이 바다입니까?"

"만 가지를 머금은 것이다."

"어째서 송장이 머물 수 없습니까?"

"숨이 끊어진 자라하면 아니다."

問魯祖面壁用表何事。師以手掩耳。問承古有言。未有一人倒地不因地而起。如何是倒。師曰。肯即是。曰如何是起。師曰。起也。問承教有言。大海不宿死屍。如何是海。師曰。包含萬有。曰為什麼不宿死屍。師曰。絕氣者不著。

"이미 만유를 머금었다면서 왜 숨이 끊어진 자라하면 아니라 합니까?"

"만유라 하면 공(功)이 아니니, 숨이 끊어진 이라야 공덕이 있느니라."

"초월했다 함마저도 없는 이에게도 일이 있습니까?"

"있다 하거나 없다 하거나 무방하니, 용왕이 칼을 빼어들고 있은들 어찌하겠는가?"

"어떤 지혜를 갖추어야 대중의 어려운 물음에 잘 맞추어 대답합니까?"

"말 구절로 드러낼 수 없는 것이다."

"무엇이 어려운 물음입니까?"

"도끼로 쪼개려 해도 들어가지 않느니라."

"이런 기량이라면 어려운 것을 물을지라도 도리어 긍정하지 않는 이가 있겠습니까?"

曰既是包含萬有。為什麼絕氣者不著。師曰。萬有非其功絕氣有其德。曰向上還有事也無。師曰。道有道無即得。爭奈龍王按劍何。問具何知解善能對衆問難。師曰。不呈句。曰問難箇什麼。師曰。刀斧斫不入。曰能恁麼問難。還更有不肯者也無。

"있다."
"어떤 사람입니까?"
"조산(曹山)이다."
"말없이 어떻게 드러냅니까?"
"이 속을 향해서는 드러낸다고도 말라."
"어느 곳을 향해서 드러내야 합니까?"
"지난밤 삼경에 평상머리 쪽에서 돈 세 닢을 잃었느니라."

"해가 뜨기 전에는 어떠합니까?"
"나 또한 이렇게 왔다."
"해가 뜬 뒤에는 어떠합니까?"
"아직도 나의 보름 길〔半月程〕이 남았다."

대사가 어떤 승려에게 물었다.
"무엇을 하는가?"

師曰。有。曰是什麼人。師曰。曹山。問無言如何顯。師曰。莫向這裏顯。曰向什麼處顯。師曰。昨夜三更床頭失却三文錢。問日未出時如何。師曰。曹山也曾恁麼來。曰日出後如何。師曰。猶較曹山半月程。師問僧。作什麼。

승려가 말하였다.
"마당을 쓺니다."
"부처님 앞을 쓰는가, 부처님 뒤를 쓰는가?"
"앞과 뒤를 한꺼번에 쓺니다."
"내 짚신이나 갖다 다오."

대사가 강덕(彊德) 상좌에게 말하였다.
"보살이 선정에 있으면서 코끼리가 강 건너는 소리를 듣는다는 말이 어느 경전에 있는 법문인가?"
상좌가 말하였다.
"열반경에 있습니다."
"선정 이전에 듣는가, 선정 이후에 듣는가?"
"화상과 같습니다."
"이르기는 힘차게 일렀다마는 겨우 하나의 반이라고나 할까?"
"화상께서는 어떻습니까?"
"여울 밑에서 신속히 취하라."

曰掃地。師曰。佛前掃佛後掃。曰前後一時掃。師曰。與曹山過靸鞋來。師問彊德上坐曰。菩薩在定聞香象渡河。出什麼經。曰出涅槃經。師曰。定前聞定後聞。曰和尚流也。師曰。道也大殺道。始道得一半。曰和尚如何。師曰。灘下接取。

"학인이 하루 종일 어떻게 보림(保任) 해야겠습니까?"

"독(毒)있는 마을을 지날 때 물 한 방울도 젖지 않게 하듯 해야 하느니라."

"어떤 것이 법신의 주인입니까?"

"진(秦)나라에는 사람이 없다."

"그것으로 족한 것이 아닙니까?"

"베리라."

"어떤 도반(道伴)을 가까이 하여야 듣지 못하던 것을 항상 들을 수 있습니까?"

"한 이불을 같이 덮는 사람이니라."

"그것 역시 화상에게 들었으니, 어떤 것이 듣지 못하던 것을 항상 듣는 것입니까?"

問學人十二時中如何保任。師曰。如經蠱毒之鄕。水不得霑著一滴。問如何是法身主。師曰。謂秦無人。曰這箇莫便是否。師曰。斬。問親近什麼道伴即得常聞於未聞。師曰。同共一被蓋。曰此猶是和尚得聞。如何是常聞於未聞。

"목석(木石)과는 다르니라."

"어느 것이 앞에 있고, 어느 것이 뒤에 있는 것입니까?"

"보지 못했던가? 들음 없는 것이 항상 듣는 것이라는 말이 있느니라."

"나라 안에서 칼을 빼 들은 이가 누구입니까?"

"조산(曹山)이다."[17]

"누구를 죽이려 했습니까?"

"다만 있기만 하면 모두 죽인다."

"갑자기 본래의 부모를 만나면 어찌합니까?"

"무엇을 가려내겠는가?"

"그렇다면 자기는 어찌합니까?"

"누가 나를 어찌하겠는가?"

師曰。不同於木石。曰何者在先何者在後。師曰。不見道常聞於未聞。問國內按劍者是誰。師曰。曹山(法燈別云。汝不是恁麼人)。曰擬殺何人。師曰。但有一切總殺。曰忽逢本父母作麼生。師曰。揀什麼。曰爭奈自己何。師曰。誰奈我何。

---

17) 법등(法燈)이 따로 말하기를 "그대는 이러한 사람이 못된다." 하였다. (원주)

“왜 죽이지 못합니까?”
“손댈 곳이 없느니라.”

“한 마리의 소가 물을 마시고 다섯 마리의 말이 울지 않을 때는 어떠합니까?”
“조산은 입으로 깨달은 것을 꺼린다.”
또 따로 말하였다.
“조산 늙은이다.”

“항상 생사의 바닷속에 있다 하였는데 빠지는 이는 누구입니까?’
“둘째 달이니라.”
“벗어나기를 구해야 합니까?”
“벗어나려 해도 길이 없다.”
“벗어난다면 누가 그를 제접해 줍니까?”
“무쇠칼을 멘 사람이니라.”

曰為什麼不殺。師曰。勿下手處。問一牛飲水五馬不嘶時如何。師曰。曹山解忌口。又別云。曹山老漢[18]。問常在生死海中沈沒者是什麼人。師曰。第二月。曰還求出離也無。師曰。也求出離只是無路。曰出離什麼人接得伊。師曰。擔鐵枷者。

---

18) 老漢이 원나라본에는 孝滿으로 되어 있다.

어떤 승려가 약산의 일화를 들어 물었다.

"약산이 어떤 승려에게 묻기를 '그대는 몇 살인가?' 하니, 승려가 대답하기를 '72세입니다.'라고 하자, 약산이 다시 묻기를 '나이가 72세란 말이지?' 하니, 승려가 '그렇습니다.'라고 하기에, 약산이 그 승려를 때렸다 하는데, 이 뜻이 무엇입니까?"

대사가 말하였다.

"앞의 화살은 그래도 무방하더니, 나중의 화살은 사람에게 깊이 들어갔구나."

"어찌하여야 방망이를 면하겠습니까?"

"바른 칙명(勅命)이 시행됨에 제후들이 길을 피한다."[19]

僧擧。藥山問僧。年多少。僧曰。七十二。藥山曰。是年七十二麼。曰是。藥山便打。此意如何。師曰。前箭猶似可後箭射人深。僧曰。如何免得棒。師曰。正勅既行諸侯避道(東禪齊云。曹山是明藥山意。自出手。為復別有道理。還斷得麼。只如這僧擧問曹山。伊還有會處麼。忽爾問。上坐年多少。別作麼生秖對)。

---

19) 동선제(東禪齊)가 말하기를 "조산(曹山)은 약산의 뜻을 알고서 손을 내민 것인가, 아니면 딴 도리가 있는가? 판단할 수 있겠는가? 승려가 조산에게 이야기하고 물었을 때에 스스로 알아들을 만한 곳이 있었는가? 홀연히 그에게 '그대는 몇 살인가?'라고 물었더라면 그는 어떤 대답을 했겠는가?" 하였다. (원주)

"어떤 것이 불법의 대의입니까?"
"구덩이를 메우고 골짜기를 채우느니라."

승려가 물었다.
"어떤 것이 사자입니까?"
대사가 말하였다.
"뭇 짐승이 가까이 가지 못하는 것이니라."
"어떤 것이 사자 새끼입니까?"
"부모도 삼키느니라."
"이미 뭇 짐승이 가까이 오지 못한다면 어째서 새끼에게 삼켜짐이 됩니까?"
"새끼가 울부짖으면 조부모라 함마저 모두 다 없느니라."
승려가 말하였다.
"조부모라 함까지 도리어 다해서 없는 것입니까?"
대사가 말하였다.
"역시 다 없느니라."
"다 없는 뒤에는 어떠합니까?"

問如何是佛法大意。曰塡溝塞壑。問如何是獅子。師曰。衆獸近不得。曰如何是獅子兒。師曰。能呑父母。曰既是衆獸近不得。為什麼被兒呑。師曰。子若哮吼祖父母俱盡。曰只如祖父母還盡也無。師曰。亦盡。曰盡後如何。

대사가 말하였다.

“온몸이 아비에게로 돌아간다.”

승려가 말하였다.

“아까는 왜 조부모라 함까지 역시 다 없다 하셨습니까?”

“보지 못했던가? ‘왕자가 능히 한 나라의 일을 꾸려 나가면 마른 나무 위에서 꽃들을 다시 딴다.’고 했느니라.”

“잠깐이라도 시비가 생기면 어지러이 마음을 잃는다 하였는데 어떻습니까?”

“베리라, 베.”

어떤 승려가 향엄(香嚴)의 일화를 들어 말하였다.

“어떤 사람이 향엄에게 묻기를 ‘어떤 것이 도입니까?’ 하니, 향엄이 대답하기를 ‘고목 속의 용울음이니라.’고 하였습니다. 그 사람이 말하기를 ‘잘 모르겠습니다.’ 하니, 향엄이 말하기를 ‘해골 속의 눈동자이니라.’고 하였습니다.

師曰。全身歸父。曰前來為什麼道祖父亦盡。師曰。不見道。王子能成一國事。枯木上更采些子華。問纔有是非紛然失心如何。師曰。斬斬。僧舉。有人問香嚴。如何是道。答曰。枯木裏龍吟。學云。不會。曰髑髏裏眼睛。

그 사람이 나중에 석상(石霜)에게 가서 묻기를 '어떤 것이 고목 속의 용울음입니까?' 하니, 석상이 말하기를 '오히려 기쁨에 있구나.'라고 하였습니다. 그가 다시 묻기를 '어떤 것이 해골 속의 눈동자입니까?' 하자, 석상이 말하기를 '오히려 아는데 있구나.'라고 하였습니다."

대사가 이 이야기를 듣고 게송을 읊었다.

고목 속의 용울음이여, 참다운 도를 봄이요
해골의 앎 없음이여, 눈을 밝혀 줌일세.
기쁨이니 앎이니를 다하여 다했다는 것마저 없는
바로 이런 사람에게서 어떻게 흐림이니 맑음이니를 가리랴

이 게송을 듣자 그 승려가 다시 대사에게 물었다.

後問石霜。如何是枯木裏龍吟。石霜云。猶帶喜在。又問。如何是髑髏裏眼睛。石霜云。猶帶識在。師因而頌曰。

枯木龍吟真見道
髑髏無識眼初明
喜識盡時消不盡
當人那辨濁中清

其僧復問師。

"어떤 것이 고목 속의 용울음입니까?"

대사가 말하였다.

"혈맥이 끊어짐이 없는 것이니라."

승려가 말하였다.

"어떤 것이 해골 속의 눈동자입니까?"

"하늘도 다할 수 없다."

"그러면 듣는 이인들 있겠습니까?"

"온 대지에 온통인 이낱이라, 듣지 못할 수 없느니라."

"용이 운다는 것은 어느 장 어느 구절입니까?"

"어느 장 어느 구절인지는 모르나 듣는 이는 모두 죽는다."

대사는 이와 같이 상근기를 깨우치되 그 자취를 찾을 수 없게 하더니, 동산의 오위전량(五位銓量)[20]을 받은 뒤로는 특별히 총림의 표준이 되었다.

如何是枯木裏龍吟。師曰。血脈不斷。曰如何是髑髏裏眼睛。師曰。乾不盡。曰未審還有得聞者無。師曰。盡大地未有一箇不聞。曰未審龍吟是何章句。師曰。也不知是何章句聞者皆喪。師如是啟發上機。曾無軌轍可尋。及受洞山五位銓量。特為叢林標準。

---

20) 오위전량(五位銓量) : 불도 순행의 다섯 가지 계위.

이때에 홍주(洪州)의 종씨(鍾氏)가 자주 청해도 가지 않고, 오직 대매(大梅) 화상의 산거송(山居頌) 한 수만을 써 주어 대답하였다.

천복(天復) 신유(辛酉)의 늦여름, 어느 날 밤에 일 보는 승려에게 물었다.

"오늘이 며칠이냐?"

"6월 15일입니다."

"나는 일생 동안 행각을 하면서 간 곳마다 90일을 한 철로 삼고 살았다."

이튿날 진시에 입적하니, 수명은 62세이고, 법랍은 31세였다. 문인(門人)이 사리를 거두어 탑을 세웠다. 시호는 원증 대사(元證大師)이고, 탑호는 복원(福圓)이라 하였다.

時洪州鍾氏屢請不起。但寫大梅和尚山居頌一首答之。天復辛酉季夏夜。師問知事僧。今是何日月。對曰。六月十五日。師曰。曹山一生行脚。到處只管九十日為一夏。至明日辰時告寂。壽六十有二。臘三十有七。門人奉真骨樹塔。勅謚元證大師。塔曰福圓。

토끼뿔

ᢀ 대사가 동산을 하직하니, 동산이 묻기를 "어디로 가려는가?" 했을 때

대원은 육환장이나 한 번 흔들고 훌쩍 떠났으리라.

ᢀ "무엇이 진실한 환(幻)의 근본입니까?" 했을 때

대원은 "뜰 앞의 잣나무니라." 하고

"환이거늘 어떻게 나타났습니까?" 했을 때

대원은 "못 가운데 백련이니라." 하리라.

ꕥ "어떤 것이 항상 있는 사람입니까?" 했을 때

대원은 "줄 위의 제비다." 하고

"어떤 것이 항상 있지 않는 사람입니까?" 했을 때

대원은 "없다." 하리라.

동산(洞山) 도전(道全) 선사

도전 선사가 처음에 동산 양개 화상에게 물었다.

"어떤 것이 생사를 벗어나는 요지입니까?"

동산이 말하였다.

"그대의 발밑에서 연기가 나는구나."

대사가 당장에 깨달아 다시는 딴 곳으로 가지 않았다.[21)]

동산 양개 화상이 입적한 뒤에 대중이 그의 뒤를 이으라고 청하여 주지가 되니, 바닷물같이 많은 대중이 모두가 기꺼이 복종하여 현묘한 교풍이 끊어지지 않았다.

洞山道全禪師(第二世住亦云中洞山)[22)]。初問洞山价和尚。如何是出離之要。洞山曰。闍梨足下煙生。師當下契悟。更不他遊(雲居膺進語云。終不敢孤負和尚。足下煙生。洞山云。步步玄者即是功到)。暨价和尚圓寂。眾請踵迹住持。海眾悅服玄風不墜。

21) 운거 응진(雲居膺進)이 말하기를 "화상께서 말씀하신 '발 밑에서 연기가 난다'는 말씀을 끝내 저버리지 않겠습니다." 하니, 동산이 말하기를 "걸음마다 현묘한 이는 곧 이 공(功)에 이른 것이다." 하였다. (원주)

22) 제2세 주지이니 중동산이라고도 한다. (원주)

어떤 승려가 물었다.

"부처님께서 왕궁에 드신 것이 어찌 큰 성인께서 다시 오신 것이 아니겠습니까?"

"호명(護明)보살[23]은 내려오거나 탄생한 적이 없느니라."

"이미 큰 성인이 다시 오셨다면 어찌하여 다시 6년 동안 고행을 하셨겠습니까?"

"환인(幻人)이 환의 일을 나타내느니라."

"환인이 아닌 이는 어떻습니까?"

"왕궁에서 찾아도 얻을 수 없다."

"청정한 수행자라도 열반에 들 수는 없고, 파계한 비구라도 지옥에 들 수 없다 하였으니 무슨 뜻입니까?"

"제도하는 일이 끝나 남긴 그림자마저 없으니 도리어 저들이 열반도 초월했구나."

僧問。佛入王宮豈不是大聖再來。師曰。護明不下生。僧曰。既是大聖再來。何更六年苦行。師曰。幻人呈幻事。曰非幻者如何。師曰。王宮覓不得。問清淨行者不入涅槃。破戒比丘不入地獄如何。師曰。度盡無遺影還他越涅槃。

23) 호명(護明)보살 : 석가모니 부처님께서 이 세상에 태어나시기 전에 보살로 도솔천에 머물러 계실 때의 이름.

"천 리에까지 미치는 눈은 어떤 가풍과 모범입니까?"
"그것은 그대의 가풍과 모범이니라."
"그러면 화상의 가풍과 모범은 어떤 것입니까?"
"바사(婆娑)[24]가 눈을 뜨지 않았다."

問極目千里是什麼風範。師曰。是闍梨風範。曰未審和尚風範如何。師曰。不布婆娑眼。

---

24) 바사(婆娑) : 토인 인형.

토끼뿔

“청정한 수행자라도 열반에 들 수는 없고, 파계한 비구라도 지옥에 들 수 없다 하였으니 무슨 뜻입니까?” 했을 때

대원은 “용광로에 청룡이 춤을 춘다.” 하리라.

“험.”

호남(湖南) 용아산(龍牙山) 거둔(居遁) 선사

거둔 선사는 무주(撫州) 남성(南城) 사람으로 성은 곽(郭)씨이다. 나이 14세에 길주(吉州)의 만전사(滿田寺)에서 승려가 되었다가 나중에 숭악(嵩嶽)에 가서 계를 받고 여러 선방을 찾아 주장자를 집고 돌아다녔다.

이때에 취미(翠微) 화상을 뵙고 물었다.

"학인이 화상의 회상에 온 지 한 달이 지났는데, 매일 화상께서 상당하셔도 한 법도 보여 주지 않으시니 무슨 뜻입니까?"

취미가 말하였다.

"무엇을 의심하는가?"[25]

湖南龍牙山居遁禪師。撫州南城人也。姓郭氏。年十四於吉州滿田寺出家。後往嵩嶽受戒。乃杖錫遊諸禪會。因參翠微和尚。問曰。學人自到和尚法席一箇餘月。每日和尚上堂不蒙一法示誨。意在於何。翠微曰。嫌什麼(有僧舉前語問洞山。洞山云。闍梨爭怪得老僧。法眼別云。祖師來也。東禪齊云。此三人尊宿語還有親疎也無。若有阿那箇親。若無親疎眼在什麼處)。

---

25) 어떤 승려가 앞의 이야기를 들어 동산(洞山)에게 물으니, 동산이 말하기를 "그대는 어찌 나를 이상하게 여기는가?" 하였다.
법안(法眼)이 따로 말하기를 "조사께서 오셨다." 하였다.
동선제(東禪齊)가 말하기를 "이 세 존숙의 말에 옳고 그름이 있는가? 있다면 어디가 옳은가? 없다면 옳고 그름의 안목은 어디에 있겠는가?" 하였다. (원주)

또 덕산(德山)을 뵙고 물었다.

"멀리서는 덕산의 일구(一句) 불법을 들었는데, 곁에 와서 보니 화상의 일구(一句) 불법을 들을 수 없습니다."

덕산이 말하였다.

"무엇을 의심하는가?"

대사는 이 말을 긍정하지 않고 바로 동산으로 가서 앞에서와 같이 물으니, 동산이 말하였다.

"어찌하여 나를 이상하게 여기는가?"

대사는 다시 덕산에서의 일을 이야기하고, 이어 스스로 허물을 깨달은 뒤에 마침내 동산에 머물면서 대중을 따라 묻고 배웠다.

어느 날 대사가 물었다.

"어떤 것이 조사의 뜻입니까?"

동산이 말하였다.

又謁德山問曰。遠聞德山一句佛法。及乎到來未曾見和尙說一句佛法。德山曰。嫌什麼。師不肯。乃造洞山如前問之。洞山曰。爭怪得老僧。師復擧德山頭落語。因自省過。遂止於洞山隨衆參請。一日問。如何是祖師意。洞山曰。

"동산 골짜기의 물이 거슬러 흐르기를 기다려 그대에게 말하리라."

대사가 이때에 불법의 깊은 뜻을 비로소 깨닫고, 다시 제자의 예로 섬기기 8년 만에 호남(湖南)에 있는 마씨(馬氏)의 청을 받아 용아산(龍牙山) 묘제 선원(妙濟禪苑)에 가서 사니, 호는 증공 대사(證空大師)였다. 오백 명의 대중이 모여 법석에 빈자리가 없었다.

어느 날 법상에 올라 대중에게 보였다.

"불법을 배우려는 사람은 조사와 부처를 모두 뚫고 지나야 한다. 신풍(新豐) 화상이 말하기를 '조사의 가르침과 부처의 가르침을 모두 원수인양 여겨야 비로소 배울 자격이 있다.'라고 하였으니, 만일 조사와 부처의 벽을 뚫고 지나지 못하면 조사와 부처에게 속으리라."

이때에 어떤 승려가 물었다.

待洞水泝[26]流。即向汝道。師從此始悟厥旨。復摳衣八稔。受湖南馬氏請。住龍牙山妙濟禪苑。號證空大師。有徒五百餘眾。法無虛席。上堂示眾曰。夫參學人須透過祖佛始得。新豐和尚云。祖教佛教似生怨家始有學分。若透祖佛不得即被祖佛謾去。時有僧問。

---

26) 泝가 명나라본에는 逆으로 되어 있다.

"조사와 부처가 사람을 속이려는 마음이 있습니까?"

"그대는 강과 호수들이 사람을 장애하려는 마음이 있다고 여기는가?"

그리고는 또 말하였다.

"강과 호수는 비록 사람을 장애하려는 마음이 없으나 사람들이 지나가지 못하기 때문에 사람들의 장애가 되었으니, 강호(江湖)가 사람을 장애하지 않는다고 말할 수 없다. 조사와 부처는 비록 사람을 속이려는 마음이 없으나 사람이 뚫고 지나지 못하여 속게 되니, 조사와 부처가 사람을 속이지 않는다고 말할 수 없다.

만일 조사와 부처를 뚫고 지나면 이 사람은 조사와 부처를 초월하게 되어서 비로소 조사와 부처의 뜻을 체득하게 되니, 바야흐로 모든 것을 초월했다는 것마저 없는 경지의 옛 사람과 같게 되리라.

만일 뚫고 지나지 못하고 그저 부처를 배우거나 조사를 배우기만 한다면 만 겁을 지나도 얻을 기약이 없다."

祖佛還有謾人之心也無。師曰。汝道江湖還有礙人之心也無。又曰。江湖雖無礙人之心。為時人過不得江湖。成礙人去。不得道江湖不礙人。祖佛雖無謾人之心。為時人透不得祖佛。成謾人去。不得道祖佛不謾人。若透得祖佛過。此人過却祖佛。也始是體得祖佛意。方與向上古人同。如未透得。但學佛學祖。則萬劫無有得期。

또 물었다.

“어찌하여야 조사와 부처에 속지 않겠습니까?”

대사가 말하였다.

“반드시 스스로가 깨달아야 한다.”

대사가 취미에 있을 때에 취미 화상에게 물었다.

“어떤 것이 조사의 뜻입니까?”

취미가 말하였다.

“나에게 선판(禪板)을 갖다 다오.”

대사가 선판을 갖다 주니, 취미가 받아 가지고는 대사를 때렸다. 이에 대사가 말하였다.

“때리기는 마음대로 때리시오마는 조사의 뜻은 없습니다.”

또 임제(臨濟)에게 가서 물었다.

“어떤 것이 조사의 뜻입니까?”

임제가 말하였다.

“나에게 방석을 갖다 주시오.”

又問。如何得不被祖佛謾去。師曰。則須自悟去。師在翠微時。問如何是祖師意。翠微曰。與我將禪板來。師遂過禪板。翠微接得便打。師曰。打即任和尚打。且無祖師意。又問臨濟。如何是祖師意。臨濟曰。與我將蒲團來。

대사가 방석을 갖다 주니, 임제가 받아 가지고는 대사를 때렸다. 이에 대사가 말하였다.

"때리기는 마음대로 때리시오마는 조사의 뜻은 없습니다."

나중에 어떤 승려가 대사에게 와서 물었다.

"화상께서 행각하실 때에 두 존숙에게 조사의 뜻을 물으셨다는데, 두 존숙은 불법의 안목이 밝습니까?"

대사가 말하였다.

"밝기는 밝더라마는 조사의 뜻은 없었다."[27)]

"어떤 것이 도입니까?"

"사람마다 마음에 다른 것 없으면 이것뿐이니라."

또 말하였다.

師乃過蒲團。臨濟接得便打。師曰。打即任和尚打。且無祖師意。後有僧問。和尚行脚時問二尊宿祖師意。未審二尊宿道眼明也未。師曰。明即明也。要且無祖師意(東禪齊云。眾中道佛法即有。只是無祖師意。若恁麼會有何交涉。別作麼生會無祖師意底道理)。問如何是道。師曰。無異人心是。又曰。

---

27) 동선제(東禪齊)가 말하기를 "대중 가운데서 말하기를 '불법은 있으나 조사의 뜻이 없다.' 하니, 이렇게 알아서야 무슨 쓸모가 있으랴. 그렇다면 조사의 뜻이 없다는 도리를 달리 어떻게 알아야 하겠는가?" 하였다. (원주)

"만일 어떤 사람이 사람마다 마음에 다른 것 없음을 체득하면 비로소 도인이다. 만일 이것이 말뿐이라면 교섭할 길이 없다.

도자(道者)여, 그대들은 때리는 도인(道人)을 아는가? 하루 동안에 옷 입고 밥 먹는 일을 제하고는 털끝만큼도 마음에 다른 것이 없어 사람을 속이려는 마음이 없어야 그가 비로소 도인이다. 만일 내가 얻었다거나 내가 알았다 하면 전혀 교섭할 길이 없으니 퍽 어려운 일이니라."

어떤 이가 물었다.

"어떤 것이 조사께서 서쪽에서 오신 뜻입니까?"

대사가 말하였다.

"돌거북이가 말을 하거든 그대에게 말하리라."

"돌거북이가 말을 하겠습니까?"

"그대에게 무엇이라 했던가?"

若人體得道無異人心。始是道人。若是言說則勿交涉。道者汝知打底道人否。十二時中除却著衣喫飯。無絲髮異於人心。無誑人心。此箇始是道人。若道我得我會則勿交涉。大不容易。問如何是祖師西來意。師曰。待石烏龜解語即向汝道。曰石烏龜語也。師曰。向汝道什麼。

"옛사람이 무엇을 얻었기에 그만두고 갔습니까?"
"도적이 빈 방에 든 것 같으니라."

"무변신보살(無邊身菩薩)은 어째서 여래의 정수리를 보지 못했습니까?"
"그대는 여래의 정수리가 있다고 여기는가?"

"대유령(大庾嶺) 마루에서 들려고 해도 들리지 않을 때에 어찌합니까?"[28]
"육조는 어떻게 가지고 갔던가?"

"쥐 두 마리가 등칡을 자를 때에는 어찌합니까?"
"몸을 숨길 곳이 있어야 한다."

問古人得箇什麼便休去。師曰。如賊入空室。問無邊身菩薩為什麼不見如來頂相。師曰。汝道如來還有頂相麼。問大庾嶺頭提不起時如何。師曰。六祖為什麼將得去。問二鼠侵藤時如何。師曰。須有隱身處始得。

---

28) 대유령에서 육조가 법의 증표로 받은 가사와 발우를 바위 위에 놓아 두었는데, 도명 존자가 들려고 했으나 들리지 않았다.

"어떤 것이 몸을 숨길 곳입니까?"
"자기 집은 보았는가?"

"유마거사가 손으로 세계를 받쳤다 하니, 유마는 어디에 서 있었습니까?"
"도사여, 그대는 유마가 손바닥으로 세계를 받쳤다고 여기는가?"

"있음을 아는 이도 생사가 있습니까?"
"그대는 아직 깨닫지 못했다."

"어떤 것이 서쪽에서 오신 뜻입니까?"
"그 한 물음이 가장 괴롭다."[29)]

"조사의 뜻과 교리의 뜻이 같습니까, 다릅니까?"

曰如何是隱身處。師曰。還見儂家麼。問維摩掌擎世界。未審維摩向什麼處立。師曰。道者。汝道維摩掌擎世界。問知有底人還有生死也無。師曰。恰似道者未悟時。問如何是西來意。師曰。此一問最苦(報慈云。此一問最好)。問祖意與教意同別。

---

29) 보자(報慈)가 말하기를 "이 한 물음이 가장 좋구나." 하였다. (원주)

"조사가 뒤에 있다."
"조사는 일 없는 사문입니까?"
"사문이라면 일이 없다는 것마저 없다."
"어째서 일이 없다는 것마저 없습니까?"
"온통인 이낱을 찾으려 하면 얻을 수 없다."

"두꺼비는 반조(返照)[30]하려는 빛이 없고, 옥토끼〔玉兎〕가 달을 짝으로 삼을 뜻이 없을 때는 어떠합니까?"
"요순(堯舜) 임금의 덕화가 아직도 남아 있느니라."[31]
"어찌하여야 이 몸이 안락함을 얻겠습니까?"
"딴 몸에 속지 않아야 된다."[32]

師曰。祖師在後來。問祖師是無事沙門。師曰。若是沙門不得無事。曰為什麼不得無事。師曰。覓一箇難得。問蟾蜍無返照之光。玉兔無伴月之意時如何。師曰。堯舜之君猶有化在(東禪齊云。是什麼問訊與上坐十二時中是什麼時節)。問如何得此身安去。師曰。不被別身謾始得(法眼別云。誰惱亂汝)。

30) 반조(返照) : 자신의 마음 근원에 돌이켜 비추는 것.
31) 동선제(東禪齊)가 말하기를 "'하루 종일 상좌와 함께 무슨 시절인가?'라고 캐묻는 것이다." 하였다. (원주)
32) 법안(法眼)이 따로 말하기를 "누가 그대를 괴롭혔던가?" 하였다. (원주)

대사는 후량 용덕(龍德) 3년 계미년(癸未年) 8월에 약간의 병이 났다. 그해 9월 13일 밤중에 큰 별이 방장실 앞에 떨어졌는데, 이튿날 아침에 단정히 앉아 떠나니, 수명은 89세였다.

師後梁龍德三年癸未八月示有微疾。九月十三日夜半大星隕於方丈前。詰旦端坐而逝。壽八十有九。

토끼뿔

ᅇ "때리기는 마음대로 때리시오마는 조사의 뜻은 없습니다." 했을 때

대원은 "이것은 있고 없는 데에 속한 것이 아니다." 하며, 또 한 대 때렸을 것이다.
"험."

ᅇ "대유령(大庾嶺) 마루에서 들려고 해도 들리지 않을 때에 어찌합니까?" 했을 때

대원은 "무(無)." 하리라.

ᅇ "어떤 것이 몸을 숨길 곳입니까?" 했을 때

대원은 "절벽 난간 낙락장송이니라." 하리라.

◌ "어떤 것이 서쪽에서 오신 뜻입니까?" 했을 때

대원은 "그 한 물음이 가장 친절하다." 하리라.

경조(京兆) 화엄사(華嚴寺) 휴정(休靜) 선사

휴정 선사가 일찍이 낙보(樂普) 화상의 휘하에서 유나(維那) 책임을 맡았을 때, 종을 쳐 울력을 부치면서 말하였다.

"상간(上間)[33] 스님네는 나무를 나르고, 하간(下間) 스님네는 호미질을 하시오."

이때에 제1좌가 물었다.

"성승(聖僧)[34]은 무엇을 하는가?"

대사가 말하였다.

"방 안에 바로 앉은 적도 없고, 두 기틀에 나간 적도 없습니다."

대사가 동산에 있을 때에 물었다.

"학인이 이치를 보지 못했으므로 미혹한 마음을 면하지 못했습니다."

京兆華嚴寺休靜禪師。師曾在樂普作維那。白槌普請曰。上間搬柴下間鋤地。時第一座問。聖僧作麼生。師曰。當堂不正坐不赴兩頭機。師在洞山時問曰。學人未見理路未免情識。

---

33) 상간(上間) : 법당이나 방장(方丈)의 동쪽.

34) 성승(聖僧) : 승당(僧堂)의 중앙에 모신 등상(等像).

동산이 말하였다.

“그대는 이치의 길을 보는 것이라 하겠는가?”

대사가 말하였다.

“본다면 이치의 길이 아닙니다.”

“미혹한 마음은 어디서 얻었는가?”

“제가 묻고자 하는 것입니다.”

“그렇다면 모름지기 만 리 밖에 한 치의 풀도 없는 곳에 가서 서 있어야 한다.”

“한 치의 풀도 없는 곳에 서 있는 것은 허락하십니까?”

“그렇게 곧장 가거라.”

대사가 나무를 나르는데, 동산이 나무 단을 꼭 붙들고 물었다.

“좁은 길에서 서로 만났을 때에는 어찌하는가?”

대사가 말하였다.

“엎어지기도 하고 뒤집기도 하니 어찌 아니 좋겠습니까?”

동산이 다시 말하였다.

洞山曰。汝還見理路也無。曰見無理路。洞山曰。什麼處得情識來。曰學人實問。洞山曰。恁麼須向萬里無寸草處立。曰無寸草處還許立也無。洞山曰。直須恁麼去。搬柴次洞山把住柴問。狹路相逢時作麼生。曰反仄何幸。洞山曰。

"그대는 내 말을 기억하라. 그대가 남쪽으로 가서 살면 천 명의 무리가 있고, 북쪽으로 가서 살면 이, 삼백 명뿐이니라."

대사가 처음에 복주(福州) 동산(東山)에 있는 화엄사(華嚴寺)에 살다가, 오래지 않아 후당(後唐)의 장종(莊宗) 황제의 부름을 받아 현묘한 성품을 크게 드날렸으나, 그때의 무리는 과연 삼백 명뿐이었다.

어떤 이가 물었다.

"조사의 뜻과 교리의 뜻이 같습니까, 다릅니까?"

대사가 말하였다.

"용궁장(龍宮藏)[35]을 다 뒤져봐도 모든 이치를 다 말하지는 못했다."

"크게 깨달은 사람이 어째서 다시 미혹합니까?"

"깨진 거울은 다시 비치지 못하고, 진 꽃은 다시 가지에 붙기 어려우니라."

汝記吾言。汝向南住有一千人。若向北住即三二百而已。師初住福州東山之華嚴。未幾屬後唐莊宗皇帝徵入輦下。大闡玄風其徒果三百矣。問祖意與教意同別。師曰。探盡龍宮藏眾義不能詮。問大悟底人為什麼却迷。師曰。破鏡不重照落華難上枝。

35) 용궁장(龍宮藏) : 팔만대장경을 일컫는다.

"대장군(大將軍)이 천왕(天王)에게 재를 베풀어 이기기를 빌고, 적군도 천왕에게 재를 베풀어 이기기를 빌면 천왕은 누구의 소원을 이루어 줍니까?"

"하늘이 비를 내릴 때에는 번성한 것과 마른 것을 가리지 않는다."

어느 날 어가[車駕]의 행차가 절에 와서 향을 피웠다. 이어 황제가 물었다.

"이것은 어느 신(神)이요?"

대사가 말하였다.

"호법선신(護法善神)입니다."

"불법이 사태(沙汰)[36]를 당할 때에는 어디를 갔었소?"

"하늘이 비를 내리는 것은 번성한 것과 마른 것을 위해서가 아닙니다."

問大軍設天王齋求勝。賊軍亦設天王齋求勝。未審天王赴阿誰願。師曰。天垂雨露不揀榮枯。一日車駕入寺燒香。帝問曰。遮箇是什麼神。師對曰。護法善神。帝曰。沙汰時什麼處去來。師曰。天垂雨露不為榮枯。

---

36) 사태(沙汰) : 당(唐) 무종(武宗)이 회창(會昌) 5년에 절 4만여 개를 파괴하고 승려 26만을 환속시킨 불교 탄압으로 '회창파불' 또는 '회창법난'이라고 한다.

나중에 대사는 하삭(河朔) 지방을 왕래하다가 평양(平陽)에서 입적했는데, 다비하여 얻은 사리로 네 곳에 부도(浮圖)를 세웠다. 첫째는 진주(晋州)요, 둘째는 방주(房州)요, 셋째는 종남산(終南山) 소요원(逍遙園)이요, 넷째는 종남산 화엄사(華嚴寺)이다. 시호는 보지 대사(寶智大師)이고, 탑호는 무위(無爲)이다.

師後遊河朔於平陽示滅。茶毘獲舍利。建四浮圖。一晉州。二房州。三終南山逍遙園。四終南山華嚴寺。勅謚寶智大師無為之塔。

ᯅ "대장군(大將軍)이 천왕(天王)에게 재를 베풀어 이기기를 빌고, 적군도 천왕에게 재를 베풀어 이기기를 빌면 천왕은 누구의 소원을 이루어 줍니까?" 했을 때

대원은 "더 크고 더 바른 소원을 들어 줍니다." 하리라.

ᯅ "불법이 사태(沙汰)를 당할 때에는 어디를 갔었소?" 했을 때

대원은 "현묘한 불법의 인과를 보호하고 있었습니다." 해서

"어떤 것이 현묘한 불법의 인과요?" 하면

"한나라의 왕의 목이 칼로 인해 떨어진 것입니다." 했을 것이다.
"험."

경조(京兆) 현자(蜆子) 화상

현자 화상은 어떤 사람인지 알 수 없으나 행적이 몹시 뛰어나고 사는 곳이 일정하지 않았다.

동산에게 심인(心印)을 받은 뒤로 민천(閩川)에서 속세에 어울려 살았는데, 도구(道具)를 갖추지도 않고 계율을 따르지도 않았다. 날마다 강변에 가서 조개와 굴을 따다가 배를 채우고, 저녁에는 동산에 있는 백마묘(白馬廟)에 가서 지전(紙錢) 속에 누워 있으니, 사람들이 보고 현자 화상이라 불렀다.

이때에 화엄사(華嚴寺)의 휴정(休靜) 선사가 그의 진가(眞假)를 시험하기 위해 먼저 지전 속에 숨어 있는데, 밤이 깊어지자 대사가 돌아왔다. 이에 휴정이 꼭 붙들고 물었다.

"어떤 것이 조사께서 서쪽에서 오신 뜻인가?"

京兆蜆子和尚。不知何許人也。事迹頗異。居無定所。自印心於洞山混俗於閩川。不畜道具不循律儀。常日沿江岸採掇蝦蜆以充腹。暮即臥東山白馬廟紙錢中。居民目為蜆子和尚。華嚴靜師聞之欲決真假。先潛入紙錢中。深夜師歸。靜把住問曰。如何是祖師西來意。

대사가 얼른 대답하였다.

"귀신 앞에 놓인 술상이오."

휴정이 기특히 여기어 사과하고 물러갔다. 나중에 휴정이 서울에서 법을 펼 때 대사도 갔으나 끝내 무리를 모아놓고 설법하는 일은 없었고, 오직 거짓으로 미친 척할 뿐이었다.

師遽答曰。神前酒臺盤。靜奇之懺謝而退。後靜師化行京都。師亦至焉。竟不聚徒演法。惟佯狂而已。

토끼뿔

휴정이 꼭 붙들고 묻기를 “어떤 것이 조사께서 서쪽에서 오신 뜻인가?” 하니, 대사가 얼른 “귀신 앞에 놓인 술상이오.”라고 대답했는데

대원은 자문자답하노라.

“어떤 것이 현자가 말한 귀신 앞에 놓인 술상의 도리인고?”

“천왕 앞의 수라상이다.” 하리라.
“험.”

균주(筠州) 구봉(九峯) 보만(普滿) 대사

보만 대사가 어떤 승려에게 물었다.

"어디서 떠났는가?"

"민중(閩中)에서 떠났습니다."

대사가 말하였다.

"먼 길을 오기가 어려웠겠군."

"움직여 걷다 보니 어느덧 당도해서 어렵지 않았습니다."

"걸음을 옮기지 않는 이도 있었는가?"

"있었습니다."

"그러면 어찌 여기까지 왔는고?"

승려가 대답이 없으니, 대사가 말하였다.

"사람을 매우 속이는구나."

筠州九峯普滿大師。問僧。離什麼處。曰閩中。師曰。遠涉不易。曰不難動步便到。師曰。有不動步者麼。僧曰。有。師曰。爭得到此間。僧無對。師曰。賺殺人。

"어떤 것이 화상의 가풍입니까?"
"지금 이것은 무엇인가?"
"학인은 잘 모르겠습니다."
"네거리에 핀 마인화(馬藺華)이니라."

問如何是和尚家風。師曰。即今是什麼。曰學人不會。師曰。十字路上馬藺華。

토끼뿔

"먼 길을 오기에 어려웠겠군." 했을 때

대원은 "봄에는 꽃길이고, 가을엔 단풍길입니다." 하리라.

태주(台州) 유서(幽棲) 도유(道幽) 선사

도유 선사에게 경청(鏡淸)이 물었다.

"어떤 것이 소부(少父)입니까?"

대사가 말하였다.

"표시 없는 것이니라."

"표시 없는 것이 소부입니까?"

"무슨 허물이 있던가?"

"소부는 무엇을 합니까?"

대사가 말하였다.

"도자(道者)여, 이 무슨 마음인가?"

"어떤 것이 부처입니까?"

"그대가 믿지 못하니 중생이니라."

"학인은 철저히 믿습니다."

"만일 훌륭하다는 생각을 내면 당장에 갖가지 삿됨에 빠지리라."

台州幽棲道幽禪師。鏡清問。如何是少父。師曰。無標的。曰無標的以為少父耶。師曰。有什麼過。曰只如少父作麼生。師曰。道者是什麼心行。問如何是佛。師曰。汝不信是眾生。曰學人大信。師曰。若作勝解即受群邪。

대사가 임종하려 할 때 어떤 승려가 물었다.

"화상께서 입멸하신 뒤에는 어디로 가시렵니까?"

"살펴라, 살펴."

이렇게 말하고는 앉은 채 입적하였다.

師將示滅。有僧問曰。和尚百年後向什麼處去。師曰。諷然諷然。言訖坐亡。

토끼뿔

"어떤 것이 소부(少父)입니까?" 했을 때

대원은 "겨울 갈대밭 빈 배니라." 하리라.

후동산(後洞山) 사건(師虔) 선사

사건 선사[37]가 처음에 협산(夾山)에 있다가 선동산(先洞山) 양개 화상을 뵈니, 양개 화상이 물었다.

"요사이 어디서 떠났는가?"

대사가 말하였다.

"무릉(武陵)에서 떠났습니다."

"무릉의 불법이 이 지방과 어떤가?"

"오랑캐 땅에는 겨울에도 죽순이 돋습니다."

양개 화상이 말하였다.

"딴 시루에다 향기로운 밥을 지어 이 사람에게 공양하라."

대사가 나가버리니, 양개 화상이 말하였다.

"이 사람이 후일에는 천하 사람을 몹시 죽이리라."

後洞山師虔禪師(第三世住也。亦號青林和尚)。初自夾山來參。先洞山价和尚問曰。近離什麼處。師曰。武陵。曰武陵法道何似此間。師曰。胡地冬抽筍。价曰。別甑炊香飯供養於此人。師乃出去。洞山曰。此子向後走殺天下人在。

37) 제3세 주지로 청림 화상이라고도 한다. (원주)

대사가 동산에서 소나무를 가꾸는데, 유옹(劉翁)이라는 노인이 와서 선사에게 게송을 청하니, 대사가 게송을 지어 말하였다.

길고 길어야 석 자 남짓한 것이
우거지고 우거진 잡초를 덮었네
뒷날의 어느 시대 어느 사람이
이 솔의 늙은 모습 보게 될고

유옹이 게송을 받아 가지고 동산에게 갖다 바치니, 동산이 말하였다.
"늙은이여, 고맙소. 이 사람만이 제3세 주지가 될 수 있소."

師在洞山栽松。有劉翁者從師求偈。師作偈曰。
長長三尺餘
鬱鬱覆荒草
不知何代人
得見此松老
劉翁得偈呈於洞山。洞山曰。賀翁翁喜。只此人是第三世也。

대사가 처음에는 수주(隨州) 토문(土門)에 있는 소청림 난야(小青林蘭若)에 있었으나, 나중에는 과연 다시 동산으로 돌아와 대를 잇게 되었다.

승려가 새로 오면 으레 땔나무를 세 차례 옮기게 한 뒤에 큰 방에 들도록 하였다. 이때에 어떤 승려가 그 일을 긍정하지 않으면서 물었다.

"세 차례 옮기기 전은 묻지 않겠으나, 세 차례 옮긴 뒤에는 어떠합니까?"

대사가 말하였다.

"철륜천자(鐵輪天子)[38]가 천하에 명령을 내린다."

승려가 대답이 없으니, 대사가 때려서 내쫓았다.

어떤 승려가 물었다.

"지난날에 병을 앓다가 이제 또 중독되었으니 스님께서 고쳐 주십시오."

師先住隨州土門小青林蘭若。後果迴洞山接踵。凡有新到僧。先令般柴三轉然後參堂。有一僧不肯。問曰。三轉內即不問。三轉外如何。師曰。鐵輪天子寰中旨。僧無對。師便打令去。僧問。昔年疾苦又中毒請師醫。

38) 철륜천자(鐵輪天子) : 무쇠처럼 강한 법륜을 굴리는 천자.

대사가 말하였다.

“금비(金錍)[39]로 골을 딱 가르고 정수리에서부터 제호(醍醐)[40]를 부어라.”

“그러면 스님께서 고쳐주신 것에 감사를 드립니다.”

대사가 때렸다.

“오랫동안 지니고도 만나지 못할 때에는 어찌합니까?”

“옛 황실의 한 자 한 치니라.”

“스님께서 답을 말씀해 주십시오.”

“아수라[41] 손바닥의 해와 달이니라.”

대사가 법상에 올라 대중에게 말하였다.

“조사의 종지가 오늘날 시행되어 법령이 이미 드러났으니, 다시 무슨 일이 있겠는가?”

師曰。金錍撥破腦頂上灌醍醐。曰恁麼即謝師醫。師便打。問久負不逢時如何。師曰。古皇尺一寸。問請師答話。師曰。修羅掌於日月。師上堂謂眾曰。祖師宗旨今日施行。法令已彰復有何事。

39) 금비(金錍) : 금으로 된 수술용 칼.

40) 제호(醍醐) : 우유를 정제하여 만든 최고의 음식으로 최상의 법을 비유한다.

41) 아수라 : 팔부중(八部衆)의 하나로 싸우기를 좋아하는 귀신.

이때에 어떤 승려가 물었다.

“정법안장(正法眼藏)을 조사에서 조사로 한결같이 인가하셨다는데, 화상께서는 누구에게 전해 주셨습니까?”

“신령스런 풀은 나는 땅이 있다 하겠지만 큰 깨달음은 스승으로 인해서 있는 것이 아니다.”

“어떤 것이 도입니까?”

“소를 돌릴 것이지 먼 개울에서 찾는구나.”

“어떤 것이 도 가운데 있는 사람입니까?”

“머리에 눈〔雪〕을 맞고, 눈썹을 치켜든다.”

“길이 천 가닥으로 다른데 어떻게 해야 단박에 깨닫겠습니까?”

“발밑에 여의주(如意珠)를 밟고서 공연히 하늘의 달만을 원망하는구나.”

時有僧問。正法眼藏祖祖同印。未審和尚傳付何人。師曰。靈苗生有地大悟不存師。問如何是道。師曰。迴牛尋遠澗。曰如何是道中人。師曰。擁雪首揚眉。問千差路別如何頓曉。師曰。足下背驪珠空怨長天月。

토끼뿔

ꩰ 승려가 새로 오면 으레 땔나무를 세 차례 옮기게 한 뒤에 큰 방에 들도록 했을 때

대원이었다면 땔나무를 세 차례 옮기고 방에 들어와 선사를 세 바퀴 돈 후에 “봄이면 씨뿌리고, 가을이면 추수하며, 보은에 게으르지 않을 것입니다.” 했을 것이다.

ꩰ “어떤 것이 도 가운데 있는 사람입니까?” 했을 때

대원은 “돌사내 보시를 즐긴다.” 하리라.

낙경(洛京) 백마(白馬) 둔유(遁儒) 선사

둔유 선사에게 어떤 이가 물었다.

"어떤 것이 납승의 본분사(本分事)입니까?"

대사가 말하였다.

"네거리에 바람도 통하지 않는데 벙어리가 먼 곳의 소식을 전한다."

"무슨 소식을 전했습니까?"

대사가 합장하고 경례 하였다.

"어떤 것이 밀실(密室) 안의 사람입니까?"

"낳았다 해도 얻은 것이 아니고, 나지 않는 것이라 해도 귀한 것이 아니다."

"그것이 무엇이기에 나지 않는 것이라 해도 귀한 것이 아닙니까?"

"그대의 아버지이니라."

洛京白馬遁儒禪師。問如何是衲僧本分事。師曰。十道不通風啞子傳遠信。曰傳什麼信。師乃合掌頂戴。問如何是密室中人。師曰。纔生不可得不貴未生時。曰是箇什麼不貴未生時。師曰。是汝阿爺。

"삼천 리 밖에서 백마의 소문을 듣고 왔는데, 와서 보니 어째서 보이지 않습니까?"

"그대에게 보이지 않는 것이 나에게 무슨 상관이냐?"

"화상께서 가리켜 보여 주십시오."

"가리켜 보인다는 것은 교섭이 아니다."

"어떤 것이 학인의 본분사(本分事)입니까?"

"지난밤 삼경에 정오(正午)의 해이니라."

"어떤 것이 법신(法身)을 초월했다는 것마저 세우지 않는 경지의 일〔向上事〕입니까?"

"우물 안의 개구리가 달을 삼킨다."[42]

問三千里外嚮白馬。及乎到來為什麼不見。師曰。是汝不見干老僧什麼事。曰請和尚指示。師曰。指即勿交涉。問如何是學人本分事。師曰。昨夜三更日正午。問如何是法身向上事。師曰。井底蝦蟇吞却月(僧問黃龍。如何是井底蝦蟇吞却月。黃龍云。不奈何。僧云。恁即吞却去也。黃龍云。一任吞。僧云。吞後如何。黃龍云。好蝦蟇)。

42) 어떤 승려가 황룡(黃龍)에게 묻기를 "어떤 것이 우물 안의 개구리가 달을 삼키는 것입니까?" 하니, 황룡이 말하기를 "어쩔 수도 없느니라." 하였다. 승려가 말하기를 "그러면 삼켰겠습니다." 하니, 황룡이 말하기를 "마음대로 삼켜라." 하였다. 승려가 다시 말하기를 "삼킨 뒤에는 어떠합니까?" 하니, 황룡이 말하기를 "좋은 개구리다." 하였다. (원주)

"어떤 것이 학인이 시급히 힘써야 할 곳입니까?"

"날랜 새가 둔한 것을 싫어한다지만 찰나라 해도 이미 늦은 것이다."

"어떤 것이 서쪽에서 오신 뜻입니까?"

"이마에 점 박힌 원숭이가 달을 건지려 물을 뒤진다."

問如何是學人急切處。師曰。俊鳥猶嫌鈍瞥然早已遲。問如何是西來意。師曰。點額猢猻探月波。

토끼뿔

ᢀ "어떤 것이 밀실(密室) 안의 사람입니까?" 했을 때

대원은 "밥 먹고 똥 눌지 아는 사람이다." 하리라.

월주(越州) 건봉(乾峯) 화상

건봉 화상[43]이 어떤 승려에게 물었다.

"어디서 왔는가?"

"천태산(天台山)에서 왔습니다."

"돌다리가 양쪽 계단으로 되어 있다는데 정말인가?"

"화상은 어디서 그런 소식을 들으셨습니까?"

"나는 그대가 화정봉(華頂峯) 앞에서 온 손님인가 여겼더니, 알고 보니 평전(平田)의 농막에서 온 친구로구나."

"어찌하여야 삼계를 벗어납니까?"

대사가 원주(院主)를 불러서 이 승려를 쫓아내라고 하였다.

越州乾峯和尙(或云瑞峯)。問僧。什麼處來。曰天台。師曰。見說石橋作兩段是否。曰和尙什麼處得這消息來。師曰。將謂華頂峯前客。元是平田莊裏人。問如何得出三界。師曰。喚院主來趁出這僧著。

43) 혹은 서봉 선사라고도 한다.

대사가 여러 승려들에게 물었다.

"육도에서 윤회한다 하는데 어떤 안목(眼目)을 갖추어야 하는가?"

대중이 대답이 없었다.

"어떤 것이 부처와 조사를 초월하는 말입니까?"

"내가 그대에게 묻겠다."

"화상이시여, 그만두십시오."

"나의 한 물음도 오히려 알지 못하면서 부처와 조사를 초월하는 말은 물어서 무엇 하려는가?"

師問眾僧。輪迴六趣具什麼眼。眾無對。問如何是超佛越祖之談。師曰。老僧問汝。曰和尚且置。師曰。老僧一問尚自不會問什麼超佛越祖之談。

토끼뿔

"육도에서 윤회한다 하는데 어떤 안목(眼目)을 갖추어야 하는가?" 했을 때

대원은 "가을하늘 한 점 구름 하얗고, 양지의 국화꽃은 노랗다." 하리라.

길주(吉州) 화산(禾山) 화상

화산 화상에게 어떤 승려가 물었다.

"학인이 한 가지 묻고자 하는데, 스님께서 대답해 주시겠습니까?"

"화산이 벌써 그대에게 대답했느니라."

"어떤 것이 서쪽에서 오신 뜻입니까?"

"화산의 큰 이마〔大頂〕니라."

"어떤 것이 화상의 가풍입니까?"

"눈앞에 가득한 청산에 흰 구름이 인다."

吉州禾山和尙。僧問。學人欲申一問。師還答否。師曰。禾山答汝了也。問如何是西來意。師曰。禾山大頂。問如何是和尙家風。師曰。滿目靑山起白雲。

토끼뿔

"어떤 것이 화상의 가풍입니까?" 했을 때

대원은 "뜰 앞의 백목련이 누설하는구나." 하리라.
"험."

명주(明州) 천동산(天童山) 함계(咸啓) 선사

함계 선사[44]에게 어떤 승려가 물었다.

"어떤 것이 본래 물건이라 할 것도 없는 것입니까?"

대사가 말하였다.

"윤택한 돌이라 해서 옥이 들어 있는 것은 아니니, 광석을 특별하게 다루어야 금을 낸다."

복룡산(伏龍山) 화상이 왔는데, 대사가 물었다.

"어디서 왔는가?"

"복룡산(伏龍山)에서 왔습니다."

"용을 항복시켰는가?"

"그 축생을 항복시키지 못했습니다."

대사가 말하였다.

"차나 마시고 가거라."

明州天童山咸啟禪師(先住蘇州寶華山)。僧問。如何是本無物。師曰。石潤無含玉鑛異自生金。伏龍山和尚來。師問。什麼處來。曰伏龍來。師曰。還伏得龍麼。曰不曾伏這畜生。師曰。喫茶去。

44) 먼저 소주 보화산에 살았다. (원주)

간 대덕(簡大德)이 물었다.

"뛰어난 학인이 왔으니 스님께서 분명하게 가리켜 보여 주십시오."

대사가 말하였다.

"나는 여기서 똥 한 번 누면 그만인데, 무슨 뛰어남이니 분명함이니가 있으랴."

"화상께서 그렇게 말씀하시니 아직도 짚신을 사서 지고 행각을 다니셔야 되겠습니다."

대사가 그를 가까이 오라 하여 간 대덕이 가까이 오니, 대사가 말하였다.

"내가 그렇게 대답한 것에 허물이 어디에 있는가?"

간 대덕이 대답이 없으니, 대사가 때렸다.[45)]

簡大德問。學人卓卓上來請師的的。師曰。我遮裏一屙便了。有什麼卓卓的的。曰和尚恁麼對話更買草鞋行脚好。師曰。近前來。簡近前。師曰。只如老僧恁麼對。過在什麼處。簡無對。師便打(十一卷又收在徑山鑒宗下何也)。

45) 11권 경산 감종 밑에도 수록되어 있는데 무슨 까닭인지 모르겠다. (원주)

토끼뿔

"어떤 것이 본래 물건이라 할 것도 없는 것입니까?" 했을 때

대원은 "낫은 굽고, 칼은 곧다." 하리라.

담주(潭州) 보개산(寶蓋山) 화상

보개산 화상에게 어떤 승려가 물었다.

"새지 않는 한 칸 집에 어떤 사람이 살아야 합니까?"

대사가 말하였다.

"걸어둘 수 없는 몸이라 이름이랄 것도 없다."

"지위는 있습니까?"

"곳이랄 것도 없다."

"어떤 것이 보개(寶蓋)입니까?"

"하늘에서도 인간에서도 얻을 수 없다."

"어떤 것이 보개 속의 사람입니까?"

"때에 사람들이 알지 못할 뿐이니라."

"부처님이 오실 때는 어찌합니까?"

"그의 길을 찾으려 해도 찾지 못하느니라."

潭州寶蓋山和尚。僧問。一間無漏舍合是何人居。師曰。無名不掛體。曰還有位也無。師曰。不處。問如何是寶蓋。師曰。不從人天得。曰如何是寶蓋中人。師曰。不與時人知。僧曰。佛來時如何。師曰。覓他路不得。

"간절하고 간절할 때에는 어째서 사람이라 할 것도 없습니까?"
"돌아가려 해도 밟을 것도 없느니라."
"그럴 때는 어떻게 성립(成立)합니까?"
"때에 사람들이 알지 못할 뿐이다."

"세계가 무너질 때에 그것은 어디로 갑니까?"
"천 성인도 찾지 못하느니라."
"당시의 사람들은 어디를 향해 돌아갑니까?"
"바로 간다 해도 비슷할 뿐이다."
"적중(的中)함이 있습니까?"
"표식도 세울 수 없느니라."

問切切時為什麼不立人。師曰。歸亦躡不著。曰恁麼時如何成立。師曰。不與時人知。問世界壞時此箇何處去。師曰。千聖尋不得。曰時人如何歸向。師曰。直須似去。曰還有的也無。師曰。不立標則。

토끼뿔

"부처님이 오실 때는 어찌합니까?" 했을 때

대원은 "습득이 한산을 맞아 즐기듯 한다." 하리라.

익주(益州) 북원(北院) 통(通) 선사

통(通) 선사가 협산에 있을 때에, 어느 날 협산(夾山)이 법상에 올라 말하였다.

"주인이란 것마저 끊어 버려야 제2의 소견에 떨어지지 않느니라."

이에 대사가 나서서 말하였다.

"반드시 짝될 것 없는 한 사람이 있다는 것을 알아야 합니다."

협산이 말하였다.

"그것도 역시 제2의 소견이다."

대사가 선상을 흔들어 엎으니, 협산이 말하였다.

"노형은 어떠한가?"

"제 혀가 썩거든 화상께 이야기하겠습니다."

다른 날 대사가 또 협산에게 물었다.

益州北院通禪師。在夾山時。一日夾山上堂曰。坐斷主人公不落第二見。師出曰。須知有一人不合伴。夾山曰。猶是第二見。師乃掀倒禪床。夾山曰。老兄作麼生。師曰。待某甲舌頭爛即向和尚道。異日師又問夾山曰。

"눈앞에 법이 없다는 것은 '눈앞'에 뜻이 있으니, 이것은 '눈앞 법'이 아니므로 귀나 눈으로 이를 수 있는 것이 아니라 한 것이 어찌 화상의 말씀이 아니겠습니까?"

"그렇다."

대사가 선상(禪床)을 흔들어 엎고 차수(叉手)하고 서 있으니, 협산이 일어나서 주장자로 한 차례 때렸다. 이에 대사는 물러가 버렸다.[46]

대사가 동산에 있을 때에 대중을 따라 법문을 들었으나 현묘한 뜻을 깨닫지 못하여 동산을 떠나 령(嶺)으로 들어갈까 한다며 하직을 아뢰었다. 이에 동산이 말하였다.

"잘 하는구나. 높고 큰 봉우리에 원숭이가 나니 보기 좋구나."

目前無法意在目前。不是目前法非耳目之所到。豈不是和尚語。夾山曰是。師乃掀倒禪床叉手立地。夾山起來打一拄杖。師便下去(法眼云。是他掀倒禪床何不便去。須待夾山打一棒了去意在什麼處)。師在洞山隨衆參請未契旨。遂辭洞山擬入嶺去。洞山曰。善為。飛猿嶺峻好看。

46) 법안(法眼)이 말하기를 "그가 선상을 흔들어 엎고 어찌 얼른 가버리지 않았던고? 협산의 한 방망이를 기다렸다가 맞고 간 뜻은 어디에 있는고?" 하였다. (원주)

대사가 생각에 잠겨 있으니, 동산이 "통 사리여!" 하고 불렀다. 대사가 대답을 하니, 동산이 말하였다.

"어찌 령으로 들어가지 않는가?"

대사가 이로 인하여 깨달아 다시는 령으로 들어가지 않고 동산을 섬기었다.[47)]

주지가 된 뒤에 법상에 올라 대중에게 말하였다.

"여러 상좌들이여, 무슨 일이 있거든 나와서 말해 보십시오. 만일 상상근기라면 이런 일이 필요하지 않지만, 중류나 하류라면 모름지기 두려워서 문을 꼭꼭 닫듯이 하여 흙탕물이 들어오지 못하게 하라. 그리고 제일 빠르게 일을 덜려면 모름지기 무심(無心)이어야 한다.

만일 무심이 되지 못하면 천 가지, 만 가지를 이야기하더라도 다만 알음알이를 이룰 뿐이니 이 납승의 문하와 무슨 교섭이 있으랴."

師沈吟良久。洞山曰。通闍梨。師應諾。洞山曰。何不入嶺去。師因此省悟。更不入嶺。師事於洞山(時號钁頭通)。住後上堂示眾曰。諸上座有什麼事出來論量取。若是上上根機不假如斯。若是中下之流。直須團剷門戸索索地莫教入泥水。第一速疾省事應須無心。若不無心舉得千般萬般只成知解。與此衲僧門下有什麼交涉。

47) 당시에 곽두통이라고 불렀다. (원주)

어떤 승려가 물었다.
"어떤 것이 무심입니까?"
대사가 말하였다.
"얽매이지 않는 것이니라."

"두 용이 여의주를 다투면 어느 쪽이 차지합니까?"
"얻었다 하면 잃는 것이다."
"잃지 않을 때에는 어떠합니까?"
"자기의 구슬을 누릴 뿐이니라."

"어떤 것이 청정법신입니까?"
"더러운 티가 없는 것이니라."

"굴릴 수 없을 때에는 어떠합니까?"
"공(功)에 이르지 못한다."

僧問。如何是無心。師曰。不管繫。問二龍爭珠誰是得者。師曰。得即失。曰不失如何。師曰。還我珠來。問如何是清淨法身。師曰。無點污。問轉不得時如何。師曰。功不到。

"어떤 것이 크게 부귀한 사람입니까?"
"마치 전륜왕의 보배창고와 같다."
"어떤 것이 아주 가난한 사람입니까?"
"술집의 허리띠 같다."

"물을 뿌려도 묻지 않을 때에는 어떠합니까?"
"마른 땅의 발소리이니라."

"한 망치에 당장 이룰 때는 어떠합니까?"
"뜻하지 않게 스스로 그러한 것이라 해도 옳지 않느니라."

입멸 후에 시호를 증진 대사(證眞大師)라 하였다.

問如何是大富貴底人。師曰。如輪王寶藏。曰如何是赤窮底人。師曰。如酒店腰帶。問水灑不著時如何。師曰。乾剝剝地。問一槌便成時如何。師曰。不是偶然。示滅後勅諡證真大師。

토끼뿔

ꩰ "주인이란 것마저 끊어 버려야 제2의 소견에 떨어지지 않느니라." 했을 때

대원은 "그렇기는 하나 어쩌리오. 제2의 소견에 떨어진 자가 자찬에 취했구나…. 하. 하. 하." 하리라.

ꩰ "어떤 것이 무심입니까?" 했을 때

대원은 "지껄이는구나." 하리라.

고안(高安) 백수(白水) 본인(本仁) 선사

본인 선사는 동산(洞山)에서 수기를 받은 뒤, 당의 천복(天復) 때에 홍정(洪井) 고안 백수 선원으로 옮겨와서 사니, 무리가 삼백 명이 넘었고 현묘한 말씀이 널리 퍼졌다.

어느 날 동산 화상의 기제사를 차렸는데, 어떤 승려가 물었다.

"선사(先師)께 공양을 올리면 선사께서 오십니까?"

대사가 말하였다.

"공양 한 몫 더 놓아야 하겠구나."

홍주(洪州) 서산(西山)에서 여러 행자들이 와서 절하고 물었다.

"오늘 딴 일로 온 것이 아니니 스님께서 가리켜 보여 주십시오."

대사가 말하였다.

"그대들 모두가 가리켜 보여 주기를 구하는가?"

高安白水本仁禪師。自洞山受記。唐天復中遷止洪井高安白水院。眾盈三百。玄言流播。因設洞山忌齋。有僧問。供養先師先師還來也無。師曰。更下一分供養著。洪州西山眾行者來禮拜。問曰。今日不為別事乞師指示。師曰。汝諸人求指示耶。

"그렇습니다."
"나더러 누구에게 부탁하라는 것이냐?"

경청(鏡淸)이 행각 길에 들렀는데 대사가 말하였다.
"도자(道者)[48]여, 가난하니 좋구료."
경청이 대답하였다.
"감히 그렇다고 하기가 외람됩니다."
"누워 있어서도 모두가 숭상하지 않습니까?"
"설령 있다 해도 또한 펼칠만한 공부라 할 것이 없습니다."
대사가 말하였다.
"설사 도자가 물방울을 방울만치 얼린다 해도 관계없는 일이오."
경청이 말하였다.
"물방울과 얼음이 생기는 일과는 전혀 상관이 없습니다."
"그렇소."
"이 사람의 뜻이 무엇입니까?"

對曰。是。師曰。教我委付阿誰。鏡清行脚到。師謂之曰。時寒道者。清曰。不敢。師曰。還有臥單得蓋否。曰設有亦無展底工夫。師曰。直饒道者滴水滴凍亦不干他事。曰滴水氷生事不相涉。師曰。是。曰此人意作麼生。

---

48) 도자(道者) : 수도하는 이의 존칭.

대사가 말하였다.

"이 사람은 뜻에 떨어지지 않소."

경청이 말하였다.

"이 사람은 어찌하여 뜻에 떨어지지 않습니까?"

"높은 산 정상이어서 도자에게 주어 두드려 먹을 만한 것이 없소."

"어떤 것이 서쪽에서 오신 뜻입니까?"

"뜰 앞에 향나무를 본 일이 있는가?"

"그러시면 화상은 오늘 저 때문에 시비를 벌이시는 것이군요."

"말 많은 중이구나."

교연(皎然)이라는 이 좌주가 떠난 뒤에 대사는 비로소 그가 설봉(雪峯)에 있던 선객임을 알고 말하였다.

師曰。此人不落意。曰不落意此人那。師曰。高山頂上無可與道者啗啄。問如何是西來意。師曰。還見庭前杉欏樹否。曰恁麼即和尚今日因學人致得是非。師曰。多口。座主皎然去後。師知是雪峯禪客乃曰。

"법을 훔치는 사람은 끝내 법기(法器)를 이루지 못한다."[49]

어떤 승려가 물었다.
"어떤 것이 변천하지 않는 이치입니까?"
"꽃잎은 떨어져 물을 따라 흐르고, 명월은 높은 봉우리 위에 솟았다."

대사가 세상을 떠나려 할 때에 사부대중이 다 모여서 재(齋)를 차리고 종을 치고 향을 피우자 대중에게 말하였다.
"향 연기가 다할 때가 내가 열반에 드는 시기이다."
이 말을 마치고 가부좌를 맺고 앉으니 호흡이 향 연기를 따라 사라졌다.

盜法之人終不成器(皎然後住長生山。有僧問。從上宗乘如何擧唱。然曰。不可為闍梨一人荒却長生山也。玄沙聞之曰。然師兄佛法即大行。受記之緣亦就矣。厥後眾緣不備。果如仁和尚所記說)。僧問。如何是不遷義。師曰。落華隨流水明月上孤岑。師將順世四眾俱集。營齋聲鍾焚香白眾曰。香煙絕處是吾涅槃時也。言訖跏趺而坐。息隨煙滅。

---

49) 교연(皎然)이 나중에 장생산(長生山)에 사는데, 어떤 승려가 와서 묻기를 "위로부터의 종승을 어떻게 드날렸습니까?" 하니, 교연이 말하기를 "그대 한 사람을 위해 온 장생산을 황폐시킬 수는 없다." 하였다. 현사가 이 말을 듣고 말하기를 "교연 사형의 불법이 크게 성행할 것이며 수기를 받을 인연도 성취했다."라고 하였지만, 그 뒤로 모든 인연을 갖추지 못해서 과연 본인 선사의 예언과 같았다. (원주)

토끼뿔

"누워 있어서도 모두가 숭상하지 않습니까?" 했을 때

대원은 "온 들녘 금빛인데 백로는 높이 나네." 하고 자리에서 나와 버렸으리라.

무주(撫州) 소산(疎山) 광인(光仁) 선사

광인 선사는 키가 작고 볼품없이 생겼지만 말솜씨가 능숙하여 대중에서 으뜸이었다.

동산의 문하에서 날아가는 화살을 물 수 있는 기틀로써 현묘한 진리를 드날렸고, 모두가 광인이 도리를 헤아림에 능한 이라 했으며, 제방에서 삼매를 닦는 이들은 난쟁이 사숙(師叔)에게 물어야 한다고 하였다.

어떤 승려가 물었다.

"어떤 것이 모든 부처님들의 스승입니까?"

대사가 말하였다.

"왜 소산(疎山) 늙은이에게 묻지 않는가?"

승려가 대답이 없었다.

撫州疎山光仁禪師。身相短陋精辯冠眾。洞山門下時有齧鏃之機。激揚玄奧。咸以仁為能銓量者。諸方三昧可以詢乎矬師叔。僧問。如何是諸佛師。師曰。何不問疎山老漢。僧無對。

대사가 손에 나무 뱀을 잡고 있으니, 어떤 승려가 물었다.

"손에 있는 것이 무엇입니까?"

대사가 번쩍 들면서 말하였다.

"조가녀(曹家女)니라."

"어떤 것이 화상의 가풍입니까?"

"한 자 반 두건이니라."

"어떤 것이 한 자 반 두건입니까?"

"원상 가운데에서도 얻을 수 없는 것이니라."

대사가 향엄(香嚴)의 이야기를 들어 경청(鏡淸, 도부)에게 물었다.

"크게 긍정하여도 온전할 수 없다 하였으니 도부(道怤)는 어떻게 아는가?"

도부가 대답하였다.

"온전히 긍정에 돌아갑니다."

대사가 말하였다.

師手握木蛇。有僧問。手中是什麼。師提起曰。曹家女。問如何是和尚家風。師曰。尺五頭巾。曰如何是尺五頭巾。師曰。圓中取不得。師舉香嚴語問鏡清。肯重不得全怤道者作麼生會。怤曰。全歸肯重。師曰。

"온전히 긍정할 수 없다고 한 이는 어떤가?"
"이 가운데에는 긍정할 길마저 없습니다."
"비로소 이 병든 중의 뜻에 맞는구나."

고산(鼓山)이 위음왕불(威音王佛)의 스승을 들어 말한 일로 인하여 대사가 물었다.
"어떤 것이 위음왕불의 스승입니까?"
고산이 말하였다.
"부끄러울 것이 없다고 말해도 좋을 것입니다."
대사가 말하였다.
"그대는 그렇게 말하지만 병든 이 중으로서는 그렇지 않습니다."
"그러면 어떤 것이 위음왕불의 스승입니까?"
"귀함마저 없는 지위에는 앉을 곳도 없습니다."

동산〔제4세〕이 물었다.
"어떤 것이 이 일구(一句)입니까?"

不得全肯者作麼生。恁曰。箇中無肯路。師曰。始愜病僧意。因鼓山擧威音王佛師。師乃問。作麼生是威音王佛師。鼓山曰。莫無慚愧好。師曰。闍梨恁麼道即得。若約病僧即不然。曰作麼生是威音王佛師。師曰。不坐無貴位。洞山(第四世)問。如何是一句。

대사가 말하였다.

"이르지 못한다."

"어찌하여 이르지 못하십니까?"

"잠시 짝이었을 뿐이다."

"이러-할 때에는 어떠합니까?"

"장군은 편교(便橋)[50]에도 이르지 않았거늘 금아(金牙)[51]에서는 헛되이 오누[52]를 잡았다."

"어떤 것이 바로 가리키는 것입니까?"

"구슬 속의 물을 그대가 믿지 못하여 의심스럽거든 하늘을 향해 태양에게 물어라."

대사가 동짓날 밤에 법당에 오르니 어떤 승려가 와서 물었다.

"어떤 것이 겨울이 오는 뜻입니까?"

師曰。不道。曰為什麼不道。師曰。少時輩。問恁麼時如何。師曰。將軍不上便橋。金牙徒勞拈筈。問如何是直指。師曰。珠中有水君不信。擬向天邊問太陽。冬至夜上堂有僧[53]問。如何是冬來意。

---

50) 편교(便橋) : 다리 이름.

51) 금아(金牙) : 중국 낙양의 성문 이름.

52) 오누 : 화살의 꼬리.

53) 上堂有僧이 송, 원나라본에는 有僧上堂으로 되어 있다.

대사가 말하였다.
"서울에서 대황(大黃)[54]이 나왔다."

"화상께서 세상을 뜨신 뒤에는 어디로 가시겠습니까?"
"등 밑에는 풀밭이요, 네 다리는 하늘을 가리키느니라."

대사가 임종할 때에 게송을 읊었다.

나의 길이여! 푸른 허공 밖이라
흰구름도 없는 곳의 한가로움을
세상에 뿌리 없는 나무가 있어서
황엽(黃葉)[55]의 가풍마저 돌려 보낸다

師曰。京中出大黃。問和尚百年後向什麼處去。師曰。背底芒叢四脚指天。師遷化時有偈曰。

我路碧空外
白雲無處閑
世有無根樹
黃葉風送還

54) 대황(大黃) : 마디풀과에 속하는 여러해살이풀.
55) 황엽(黃葉) : 부처님께서 중생을 제도하시기 위하여 방편으로 설하신 모든 법을 비유.

게송을 마치고는 입적하였다. 또 『사대송(四大頌)』과 『약화엄장자론(略華嚴長者論)』등의 저술이 있는데 세상에 널리 퍼졌다.

偈終而逝。又著四大等頌略華嚴長者論流傳於世。

 토끼뿔

ꩠ "왜 소산(疎山) 늙은이에게 묻지 않는가?" 했는데

이 말을 대답이라 하겠는가, 되물음이라 하겠는가?

대원이었다면 "목마를 거꾸로 타고 곧장 옥좌에 이른 자 아니고서는…." 하고 웃었을 것이다.

ꩠ "크게 긍정하여도 온전할 수 없다 하였으니 도부(道怤)는 어떻게 아는가?" 했을 때

대원이었다면 크게 박수를 한 번 치며 대소했으리라.
"험."

ꩠ 또 "온전히 긍정할 수 없다고 한 이는 어떤가?" 했을 때

대원이었다면 죽비를 세 번 치고 나와 버렸을 것이다.

예주(澧州) 흠산(欽山) 문수(文邃) 선사

문수 선사는 복주(福州) 사람이다. 어려서부터 항주(杭州) 대자산(大慈山) 환중(寰中) 선사에 의하여 공부를 하였다. 이때에 암두(巖頭)와 설봉(雪峯)이 무리 속에 있다가 대사가 토론하는 것을 보고 그가 법기(法器)임을 알고 여러 곳으로 행각을 데리고 다녔다.

두 대사는 덕산(德山)과 인연이 맞아 둘 다 인가를 받았는데, 대사는 아무리 자주 깨우쳐 주어도 끝내 의심이 풀리지 않았다. 그러다가 어느 날 덕산에게 물었다.

"천황(天皇)도 이렇게 말했고, 용담(龍潭)도 이렇게 말했는데 덕산은 어떻게 말하시겠습니까?"

덕산이 말하였다.

"그대는 천황과 용담이 말한 것을 이야기해 봐라."

澧州欽山文邃禪師。福州人也。少依杭州大慈山寰中禪師受業。時巖頭雪峯在眾覩師吐論。知是法器相率遊方。二士緣契德山各承印記。師雖屢激揚而終然凝滯。一日問德山曰。天皇也恁麼道。龍潭也恁麼道。未審德山作麼生道。德山曰。汝試舉天皇龍潭道底來。

대사가 막 말을 하려는데, 덕산이 주장자로 때리고 열반당(涅槃堂)[56]으로 메고 들어갔다. 이에 대사가 말하였다.

"옳기는 옳으나 나를 때리는 것은 너무 하시는군요."[57]

대사는 나중에 동산의 법문에 의하여 깨달아 동산의 법을 이었다. 27세에 흠산에 머물러 대중 앞에서 자신의 허물을 뉘우치고서, 처음으로 동산을 뵈었을 때의 일을 이야기하였다.

"동산 선사께서 나에게 물으시기를 '어디서 왔는가?' 하시기에 내가 대답하기를 '대자(大慈)에서 왔습니다.'라고 하니, 동산 선사께서 물으시기를 '대자를 보았느냐?' 하시기에 내가 '보았습니다.' 라고 하였다. 동산 선사께서 다시 물으시기를 '색(色) 이전을 보았는가, 색 이후를 보았는가?' 하시기에 내가 '이전도 이후도 아닌 것을 보았습니다.'라고 하니, 그만두셨다."

師方欲進語。德山以拄杖打舁入涅槃堂。師曰。是即是打我太殺(法眼別云。是即是錯打我。更有語句如德山巖頭章出焉)。師後於洞山言下發解。乃為洞山之嗣。年二十七止於欽山。對大眾前自省過。舉初參洞山時。洞山問。什麼處來。師曰。大慈來。曰還見大慈麼。師曰。見。曰色前見色後見。師曰。非前後見。洞山默置。

---

56) 열반당(涅槃堂) : 병든 수행자가 치료를 받거나 입적(入寂)하는 방.

57) 법안(法眼)이 따로 말하기를 "옳기는 옳으나 나를 잘못 때렸습니다." 하였다. 이 밖에도 여러 가지 기록이 있는데 덕산과 암주의 장에 자세히 나와 있다. (원주)

그리고는 대사가 다시 말하였다.
"스승을 너무 빨리 여의어서 스승의 뜻을 다하지 못했다."

어떤 이가 물었다.
"어떤 것이 조사께서 서쪽에서 오신 뜻입니까?"
대사가 말하였다.
"양공(梁公)의 굽은 자요, 지공(誌公)의 가위니라."

"모든 부처님과 법이 모두 이 경에서 나왔다 하니, 어떤 것이 이 경입니까?"
"항상 굴리는 것이니라."
"경에는 무엇을 말씀하셨습니까?"
"의심이 있거든 물어라."

"어떤 것이 화상의 가풍입니까?"
"비단 휘장의 은으로 된 향주머니에 바람이 불면 사방에 향기가 가득하니라."

師乃曰。離師太早不盡師意。問如何是祖師西來意。師曰。梁公曲尺誌公剪刀。問一切諸佛法皆從此經出。如何是此經。師曰。常轉。曰未審經中說什麼。師曰。有疑請問。問如何是和尚家風。師曰。錦帳銀香囊。風吹滿路香。

어떤 승려가 대사의 초상을 그려다 바치니 대사가 물었다.

"나를 닮았느냐?"

승려가 대답이 없으니, 대사가 스스로 대신해 말하였다.

"대중이 알아챘다."

어느 날 대사가 욕실에 들어갔다가 어떤 승려가 물바퀴를 밟는 것을 보았다. 그 승려가 대사를 보고 내려와서 인사를 하니, 대사가 말하였다.

"다행하다만 평범한 경지에서 굴려 어떻게 이렇게 하는가?"

그 승려가 말하였다.

"이렇게 안하면 어찌하겠습니까?"

"만약 그렇다면 흠산의 안목을 감히 뭐라 하겠느냐?"

"어떤 것을 스님의 안목이라 하십니까?"

대사가 손으로 눈썹을 뽑는 시늉을 하니, 승려가 말하였다.

"화상은 또한 그것을 얻었다 하겠습니까?"

有僧寫師真呈。師問。還似我也無。僧無對。師自代曰。眾僧看取。一日師入浴院見僧踏水輪。僧見師乃下不審。師曰。幸自碌碌地轉何須却恁麼。僧云。不恁麼又爭得。師曰。若恁麼欽山眼堪作什麼也。僧云。作麼生是師眼。師乃以手作撥眉勢。僧云。和尚又得恁麼。

"그렇다, 그래. 나는 이렇다 하기도 하고, 이렇지 않다 하기도 한다."

승려가 대답이 없으니, 대사가 말하였다.

"싸움이 끝났으나 공이 없으니 한바탕 민망할 뿐이구나."

조금 있다가 승려에게 물었다.

"알겠는가?"

"잘 모르겠습니다."

"흠산이 그대 짐의 반을 나누어 졌다."

대사가 설봉과 암두와 함께 강서(江西)로 가다가 어느 찻집에 들러서 차를 마시는데, 대사가 말하였다.

"몸을 굴려 기운을 통할 줄 모르는 이는 차를 마시지 않기로 합시다."

암두가 말하였다.

"그렇다면 나는 결코 차를 마시지 않겠다."

설봉이 말하였다.

師曰。是是。為我恁麼。便不得恁麼。僧無對。師曰。索戰無功一場氣悶。良久乃問僧云。會麼。僧云。不會。師云。欽山為汝擔一半。師與雪峯巖頭因過江西。到一茶店內喫茶次。師曰。不會轉身通氣者今日不得茶喫。巖頭云。若恁麼我定不得茶喫也。雪峯云。

"나도 그렇다."

이에 대사가 말하였다.

"두 늙은이가 말귀도 모르는구나."

암두가 말하였다.

"어디에 갔었는가?"

대사가 말하였다.

"자루 속에 있는 늙은 까마귀는 비록 죽은 것 같지만 살아 있소."

암두가 말하였다.

"물러서라, 물러서."

대사가 말하였다.

"활(豁, 암두) 사형은 그만두고, 존공(存公, 설봉)은 어찌하시겠소?"

설봉이 손으로 일원상(一圓相)을 그리니, 대사가 말하였다.

"묻지 않을 수 없군요."

암두가 "하하" 웃으면서 말하였다.

"까마득하구나."

某甲亦然。師曰。兩箇老漢俱不識語在。巖頭云。什麼處去也。師曰。布袋裏老鵶雖活如死。巖頭云。退後著退後著。師曰。豁兄且置。存公作麼生。雪峯以手畫箇圓相。師曰。不得不問。巖頭呵呵云太遠生。

대사가 말하였다.

"입이 있어도 차를 마시지 못할 사람이 많군요."

암두와 설봉이 모두 말이 없었다.

양(良) 선객이라는 이가 뵈러 와서 절을 하자마자 바로 물었다.

"화살 하나로 세 관문을 쏠 때는 어떠합니까?"

대사가 말하였다.

"관문 안의 주인을 보았거든 내놓아 봐라."

"그러면 허물을 알았으니 반드시 고치겠습니다."

"다시 어느 시절을 기다리겠는가?"

"좋습니다. 한 화살을 쏠 때는 장소에 구애되지 않습니다."

그리고는 나가 버리니 대사가 말하였다.

"세 관문을 쏘려거든 시험삼아 흠산에게 화살을 쏘아 봐라."

師曰。有口不得[58]喫茶人多。巖頭雪峯俱無語。有良禪客參次。纔禮拜後便問云。一箭射三關時如何。師曰。放出關中主看。良云。恁麼即知過必改去也。師云。更待何時。良云。好隻箭放不著所在。便出去。師曰。擬射三關且從試為欽山發箭。

58) 得이 송, 원나라본에는 없다.

양 선객이 가까이 와서 말없이 있다가 다시 물러가니, 대사가 양 선객을 일곱 방망이 때렸다. 양 선객이 나가 버리니 대사가 말하였다.

"저 어지러운 사람이 마음속으로 30년 동안 의심하게 놓아 두리라."

어떤 사람이 동안(同安) 화상에게 가서 이야기하니 동안이 말하였다.

"양 선객이 비록 활을 쏘기는 했으나 과녁에 맞지는 않았다."

그 승려가 동안에게 물었다.

"어찌하여야 과녁에 맞겠습니까?"

동안이 말하였다.

"관문 안의 주인이 누구던가?"

그 승려가 돌아와서 대사에게 이야기하니 대사가 말하였다.

"양 선객이 만일 이렇게 알았더라면 흠산의 입을 면했을 것이거늘, 그러나 동안도 마음씨가 좋지는 않으니 잘 살펴야 한다."

良近前良久而退。師乃打良七拄杖。良乃出去。師曰。且聽箇亂統漢心內疑三十年。有人舉似同安和尚。安云。良公雖發箭要且未中的。其僧便問同安云。未審如何得中的去。安云。關中主是什麼人。其僧却迴舉向師。師曰。良公若解恁麼也免得欽山口也。然雖如此同安不是好心。亦須看始得。

어떤 승려가 뵈러 오니, 대사가 주먹을 번쩍 세우고 말하였다.

"만일 펴서 손바닥을 이루면 다섯 손가락이 들쑥날쑥 하겠지만 지금은 주먹이 되었으니, 반드시 높고 낮음이 없으리라. 그대는 흠산이 헤아릴 수 있다고 여기는가? 헤아릴 수 없다고 여기는가?"

그 승려가 가까이 와서 주먹만을 세우고 있으니, 대사가 말하였다.

"그렇다면 그대는 입을 열지 못하는 중이리라."

승려가 말하였다.

"그렇다면 화상께서는 어떻게 사람을 지도하십니까?"

대사가 말하였다.

"내가 만일 사람을 지도한다 하면 그대와 똑같아진다."

"특별히 스님께 배우러 왔으니 종풍(宗風)을 드러내어 주십시오."

"그대가 만일 특별히 왔다면 나는 반드시 드러내야 하겠구나."

僧參。師竪起拳頭云。若開成掌即五指參差。如今為拳必無高下。汝道欽山通商量不通商量。其僧近前却竪拳而已。師曰。便恁麼只是箇無開口[59]漢。僧云。未審和尚如何接人。師曰。我若接人共汝一般去也。僧云。特參於師。也須吐露宗風。師曰。汝若特來我須吐露。

59) 口가 송, 원나라본에는 合으로 되어 있다.

승려가 말하였다.
"말씀해 주십시오."
대사가 때리니, 그 승려가 말이 없었다. 이에 대사가 말하였다.
"나무그루를 지키면서 토끼를 기다렸으나 헛수고만 했구나."

僧云。便請。師乃打之。其僧無語。師曰。守株待兔枉用心神。

ஃ "관문 안의 주인을 보았거든 내놓아 봐라." 했을 때

대원은 "갈대밭의 빈 배는 정적을 더하는데, 하늘에 구름 한 점 백로 되어 난다." 하리라.

"험."

ஃ "어찌하여야 과녁에 맞겠습니까?" 했을 때

대원은 양 선객을 가리키며 "꽂혔다." 하리라.

행사(行思) 선사의 제6세
앞의 악주(鄂州) 암두(巖頭) 전활(全豁) 선사의 법손

태주(台州) 서암(瑞巖) 사언(師彥) 선사

사언 선사는 민월(閩越) 사람으로 성은 허(許)씨이다. 어릴 적부터 승려가 되어 결함 없이 계를 지키다가 처음에 암두를 보고 물었다.

"어떤 것이 본래부터 변함없는 이치입니까?"

암두가 말하였다.

"움직였다."

行思禪師第六世。前鄂州巖頭全豁禪師法嗣。台州瑞巖師彥禪師。閩越人也。姓許氏。自幼披緇秉戒無缺。初禮巖頭致問曰。如何是本常理。巖頭曰。動也。

"움직일 때에는 어떠합니까?"

"이 근본은 변함없는 이치라고도 할 수 없다."

대사가 생각에 잠겨 잠자코 있으니 암두가 말하였다.

"긍정한다 해도 육근(六根)과 육진(六塵)을 벗어나지 못하고, 긍정하지 않는다 해도 영원히 생사바다에 잠긴다."

이 말에 대사는 마침내 깨달아 몸과 마음이 이러-히 밝아졌다. 이에 암두가 자주 불러놓고 시험해 물었으나 틀리는 대답이 없었다.

대사는 다시 협산 회(會) 화상에게 가서 뵈니 협산이 물었다.

"어디서 왔는가?"

"와룡(臥龍)에서 왔습니다."

"올 때에 용이 일어났는가?"

대사가 뒤를 돌아보니, 협산이 말하였다.

"뜬 종기 위에다 다시 쑥불을 놓는구나."

"화상은 또 그런 고통을 지어 무엇 하시렵니까?"

협산이 그만두었다.

曰動時如何。巖頭曰。不是本常理。師沈思良久。巖頭曰。肯即未脫根塵。不肯即永沈生死。師遂領悟身心皎然。巖頭頻召與語徵醻無忒。師復謁夾山會和尚。會問。什麼處來。曰臥龍來。會曰。來時龍還起未。師乃顧視之。會曰。灸瘡上更著艾燋。曰和尚又苦如此作什麼。會便休。

대사는 다시 단구(丹丘)에게 가서 종일 바보같이 하고 있으니, 사부대중이 흠모하여 서암에 머물기를 청하였다. 대중을 엄정(嚴整)하게 통솔한다 하여 강표(江表) 지방에서 그를 칭송하였다.

어떤 승려가 물었다.

"머리 위에는 보개(寶蓋)[60]가 나타나고, 발밑에는 구름이 생길 때에는 어떠합니까?"

대사가 말하였다.

"항쇄[61]를 메고 족쇄를 찬 놈이니라."

"머리 위에 보개가 없고, 발밑에서 구름이 나지 않을 때에는 어떠합니까?"

"오히려 쇠고랑을 차고 있는 것이니라."

"끝내 어떠해야 합니까?"

"밥 먹은 뒤는 곤하니라."

師尋抵丹丘終日如愚。四衆欽慕請住瑞巖。統衆嚴整江表稱之。僧問。頭上寶蓋現足下雲生時如何。師曰。披枷帶鎖漢。曰頭上無寶蓋足下無雲生時如何。師曰。猶有杻在。曰畢竟如何。師曰。齋後困。

---

60) 보개(寶蓋) : 귀한 사람이 타는 수레에 비치한 양산 모양의 해가리개.

61) 항쇄 : 죄인이 목에 쓰는 칼.

경청(鏡淸)이 물었다.

"하늘이 덮지 못하고 땅이 싣지 못한다 하니, 어찌 이것이 아니겠습니까?"

대사가 말하였다.

"만일 그렇다 하면 곧 그것이 덮고 싣는 것이던가?"

"만일 서암 화상이 아니었더라면 위태로움을 만났을 것입니다."

대사는 사언(師彥)이라고 자칭하였다.

어떤 이가 물었다.

"어떤 것이 부처입니까?"

대사가 말하였다.

"돌소이니라."

"어떤 것이 법입니까?"

"돌소의 새끼이니라."

"그러면 같지 않겠습니다."

"합칠 수도 없느니라."

"어째서 합칠 수도 없습니까?"

鏡清問。天不能覆地不能載豈不是。師曰。若是即被覆載。清曰。若不是瑞巖幾遭也。師自稱曰師彥。問如何是佛。師曰。石牛。曰如何是法。師曰。石牛兒。曰恁麼即不同也。師曰。合不得。曰為什麼合不得。

대사가 말하였다.

"같으려 해도 같을 것이 없거늘 무엇을 합치리오."

"어떻게 따져야 등급에 떨어지지 않겠습니까?"

"밀어내도 나아갈 수 없느니라."

"어째서 밀어내도 나아갈 수 없습니까?"

"그것은 본래부터 등급이 없기 때문이니라."

"어떤 지위와 차례에 있습니까?"

"보광전(普光殿)에도 앉은 적이 없느니라."

"교화할 이치가 있겠습니까?"

"이름이 삼계에 소중하게 퍼졌으니, 어느 곳인들 조정(朝庭)으로 돌아오는 것이 아니겠는가?"

어느 날 마을에 사는 어떤 노파가 와서 절을 하니 대사가 물었다.

"그대는 빨리 집으로 돌아가서 수 천의 생명을 구제하라."

師曰。無同可同合什麼。問作麼生商量即得不落階級。師曰。排不出。曰為什麼排不出。師曰。他從前無階級。曰未審居何位次。師曰。不坐普光殿。曰還理化也無。師曰。名聞三界重何處不歸朝。一日有村媼來作禮。師曰。汝疾歸去救取數千物命。

노파가 황급히 집으로 돌아오니, 그의 며느리가 대광주리에다 소라를 주워 가지고 돌아왔다. 노파가 그것을 받아 가지고 모두 물에다 넣어 주었다. 대사의 이상한 행적이 매우 많았는데 모두 딴 기록에 남아 있다.

媼忽忙至舍。乃見兒婦提竹器拾田螺歸。媼接取放諸水濱。師之異迹頗多存諸別錄。

토끼뿔

"교화할 이치가 있겠습니까?" 했을 때

대원은 "그대같이 구걸하는 자가 있는 한 교화할 이치가 있다." 하리라.

회주(懷州) 현천(玄泉) 언(彦) 선사

언(彦) 선사에게 어떤 승려가 물었다.
"어떤 것이 도(道) 가운데 사람입니까?"
대사가 말하였다.
"해가 지면 외로운 주막으로 향하느니라."

"어떤 것이 부처입니까?"
"장(張)씨네 세 아기이니라."
"학인은 잘 모르겠습니다."
"맏이와 중간과 막내도 모르는가?"

"어떤 것이 소리 이전의 한 구절입니까?"
"흠(吽)."
"구름 뒤에는 어떠합니까?"
"이 무엇인고?"

懷州玄泉彦禪師。僧問。如何是道中人。師曰。日落投孤店。問如何是佛。師曰。張家三箇兒。曰學人不會。師曰。孟仲季便不會。問如何是聲前一句。師曰。吽。曰轉後如何。師曰。是什麼。

 토끼뿔

"어떤 것이 소리 이전의 한 구절입니까?" 했을 때

대원은 "그대가 일주문을 지날 때마다 일주 기둥이 보였느니라." 하리라.

길주(吉州) 영암(靈巖) 혜종(慧宗) 선사

혜종 선사는 복주(福州) 장계(長谿) 사람으로 성은 진(陳)씨였는데 구산(龜山)에게서 가르침을 받았다.

어떤 승려가 물었다.
"어떤 것이 영암의 경계입니까?"
대사가 말하였다.
"소나무와 회(檜)나무가 빽빽이 무성하여 막혔느니라."
"어떤 것이 경계 가운데 사람입니까?"
"밤마다 원숭이가 운다."

"어떤 것이 학인의 본분입니까?"
"진금은 던져버리고 기왓쪽을 주워서 무엇 하려느냐?"

대사는 나중에 화산에 살다가 임종하였다.

吉州靈巖慧宗禪師。福州長谿人也。姓陳氏。受業於龜山。僧問。如何是靈巖境。師曰。松檜森森密密遮。曰如何是境中人。師曰。夜夜有猿啼。問如何是學人自己本分事。師曰。拋却真金拾瓦礫作麼。師後住禾山而終。

토끼뿔

"어떤 것이 경계 가운데 사람입니까?" 했을 때 대원은 "답으로 묻는 자도 보겠구나." 하리라.

복주(福州) 나산(羅山) 도한(道閑) 선사

도한 선사는 본 고을의 장계(長谿) 사람으로 성은 진(陳)씨이다. 구산(龜山)에 의해 승려가 되었다가 나이가 들어 구족계를 받고 제방으로 돌아다녔다.

일찍이 석상(石霜)에게 가서 뵙고 물었다.

"가거나 머무름에 편안하지 않을 때에는 어찌합니까?"

석상이 말하였다.

"모름지기 다 버려라."

대사가 뜻에 맞지 않아 다시 암두에게 가서 앞에서와 같이 물으니 암두가 말하였다.

"가거나 머무르는 대로 내버려 두어라. 상관해서 무엇 하랴."

대사가 이에 굴복되었다.

福州羅山道閑禪師。郡之長谿人也。姓陳氏。出家於龜山。年滿受具。遍歷諸方。嘗謁石霜問。去住不寧時如何。石霜曰。直須盡却。師不愜意乃參巖頭問。同前語。巖頭曰。從他去住管他作麼。師於是服膺。

이어 청량산으로 가니 민수(閩帥)가 그의 법문을 듣고 나산에 살기를 청하고 호를 법보 대사(法寶大師)라 하였다.

처음으로 상당하는 날에 법상에 올라 옷을 여미고는 말하였다.
"안녕."
조금 있다가 또 말하였다.
"모르면 앞으로 나와라."
이때에 어떤 승려가 나와서 절을 하니, 대사가 소리를 높여 말하였다.
"괴롭구나."
그 승려가 일어나서 물으려고 망설이는데, 대사가 할을 해서 내쫓았다.

어떤 이가 물었다.
"어떤 것이 특별한 한 구절입니까?"
대사가 말하였다.
"무엇이라 했는가?"

尋遊淸涼山。閩帥飮其法味。請居羅山號法寶大師。初上堂日方陞座斂衣乃曰。珍重。少頃又曰。未識底近前來。時有僧出禮拜。師抗聲曰。也大苦。僧起擬伸問。師乃喝出。問如何是奇特一句。師曰。道什麼。

"부처님께서 이마 사이로부터 백호광명(白毫光明)을 놓으셔서 만 팔천 세계를 비추었다 하는데, 어떤 것이 이 광명입니까?"
"큰 소리로 일러 봐라."
"어떻게 세계를 비춥니까?"
대사가 할을 하여 내쫓았다.

"급해서 달려 왔습니다. 스님께서 한 번 지도해 주십시오."
"알겠는가?"
"모르겠습니다."
"화살이 지나갔다."

"아홉 딸을 다 데려가지 못하면 누가 애닯게 제접해 주겠습니까?"
"큰 소리로 물어라."
승려가 다시 물으려고 망설이자 대사가 말하였다.
"어디를 가려는가?"

問佛放眉間白毫光照萬八千世界。如何是光。師曰。高聲道。僧曰。照何世界。師乃喝出。問急急相投請師一接。師曰。會麼。曰不會。師曰。箭過也。問九女不携誰是哀提者。師曰。高聲問。僧擬再問。師曰。什麼處去也。

"어떤 것이 종문(宗門)을 펴는 것입니까?"
대사가 발을 뻗어 보였다.

"칼날 앞에 선 일을 어떻게 분명히 판별합니까?"
"뜻과 같이 들추어내 봐라."
승려가 다시 말하였다.
"화상께서 자비를 베풀어 주십시오."
"너무나 멀구나."

"어떤 것이 가장 묘한 한 구절입니까?"
"드러났는데 알겠는가?"
승려가 나와 말을 하려고 망설이자 대사가 말하였다.
"말에 떨어졌구나."

정혜(定慧) 상좌가 와서 뵈니 대사가 물었다.

問如何是宗門流布。師展足示之。問當鋒事如何辨明。師擧如意。僧曰。乞和尚垂慈。師曰。大遠也。問如何是最妙一句。師曰。披露識麼。僧擬進語。師曰。話墮也。定慧上座參。師問。

"어디서 왔는가?"

"멀리 서촉(西蜀)에서 떠나 최근에는 개원(開元)에서 왔습니다."

또 앞으로 다가와서 물었다.

"지금은 어찌하리까?"

대사가 말하였다.

"차나 마셔라."

정혜가 여전히 물러서지 않으니 대사가 말하였다.

"가을바람이 약간 훈훈하구나. 가거라."

정혜 상좌가 밖으로 나가서 탄복하며 말하였다.

"오늘 나산의 산채(山寨)를 치려 하다가, 활이 부러지고 화살이 다했으니 쉬고 쉬리라."

그리고는 그만두고 내려가서 큰방으로 들어갔다. 이튿날 대사가 상당했는데 정혜가 나서서 물었다.

"창문을 활짝 열었을 때에 마루에 서 있는 이가 누구입니까?"

什麼處來。曰遠離西蜀近發開元。又進前問。即今作麼生。師曰。喫茶去。慧猶未退。師曰。秋氣稍暖去。慧出法堂外歎曰。今日擬打羅山寨。弓折箭盡也。休休乃下參眾。明日師上堂。慧出問。豁開戶牖當軒者誰。

대사가 할을 하니, 정혜가 말이 없었다. 이에 대사가 말하였다.
"털도 아직 나지 않았구나. 가거라."

승려가 한산시(寒山詩)를 들어 물었다.
"여러 새들이 꽃을 물어 올 때에는 어떠합니까?"
대사가 말하였다.
"정녀(貞女)가 방안에서 읊조리느니라."
"천 리를 한 숨에 갈 때에는 어떠합니까?"
"뜰 밖에서 거니는 손님일랑 보내라."
"봉래산(蓬萊山)으로 가고자 할 때에는 어떠합니까?"
"퇴침에 기대고서 원숭이를 보아라."
"이것을 가지고 양식으로 삼을 때에는 어떠합니까?"
"해골 앞의 고검(古劍)이니라."

師乃喝。慧無語。師又曰。毛羽未備且去。僧舉寒山詩問師曰。百鳥銜苦華時如何。師曰。貞女室中吟。曰千里作一息時如何。師曰。送客遊庭外。曰欲往蓬萊山時如何。師曰。攲枕覷獼猴。曰將此充糧食時如何。師曰。古劍髑髏前。

"어떤 것이 온갖 풀머리마다 모두 조사의 뜻인 것입니까?"
"그대의 눈을 찔러 째라."

"소리 이전에 옛 털가죽이 썩는다는 뜻이 무엇입니까?"
"벽에 기대라."

"앞에는 만 길 벼랑이 있고, 뒤에는 호랑이와 사자가 있을 때에는 어찌합니까?"
"자재하니라."

"삼계에 누가 주인입니까?"
"밥은 먹을 줄 아는가?"

대사가 임종할 무렵에 법상에 올라 대중을 모았다.

問如何是百草頭上盡是祖師意。師曰。刺破汝眼。問聲前古毳爛意作麼生。師曰。倚著壁。問前是萬丈洪崖後是虎狼獅子。正當恁麼時如何。師曰。自在。問三界誰為主。師曰。還解喫飯麼。師臨遷化上堂集衆。

그리고는 말없이 보이고 왼손을 펴니, 일 보는 이가 어쩔 줄을 몰라 동쪽에 앉은 대중 뒤로 물러났다. 대사가 또 오른손을 펴니, 다시 서쪽에 앉은 대중 뒤로 물러났다. 이에 대사가 대중에게 말하였다.

"부처님의 은혜를 갚고자 하면 대교(大教)를 펴는 것보다 더 나은 것이 없느니라. 돌아가련다, 돌아가련다. 잘 있거라."

말을 마치자 태연히 입적하였다.

良久展左手。主事罔測。乃令東邊師僧退後。又展右手。又令西邊師僧退後。師謂衆曰。欲報佛恩無過流通大教。歸去也歸去也珍重。言訖莞爾而寂。

토끼뿔

ꩠ "칼날 앞에 선 일을 어떻게 분명히 판별합니까?" 했을 때

대원은 "드러났다." 하리라.

ꩠ "어떤 것이 온갖 풀머리마다 모두 조사의 뜻인 것입니까?" 했을 때

대원은 손가락을 세웠을 것이다.
"험."

ꩠ "소리 이전에 옛 털가죽이 썩는다는 뜻이 무엇입니까?" 했을 때

대원은 "방석도 이른다." 하리라.

ᯅ "앞에는 만 길 벼랑이 있고, 뒤에는 호랑이와 사자가 있을 때에는 어찌합니까?" 했을 때

대원은 "풋 매실을 씹어라." 하리라.

복주(福州) 향계(香谿) 종범(從範) 선사

어떤 승려가 와서 뵈니 대사가 말하였다.

"그대는 고산(鼓山)의 승려가 아닌가?"

"그렇습니다."

"이마의 구슬을 어찌 보지 못했는가?"

승려가 대답이 없었다.

승려가 하직하는데 대사가 문까지 전송하며 "상좌여!" 하고 불렀다. 승려가 고개를 돌리니, 대사가 말하였다.

"뱃속에 가득한 것이 모두 선(禪)이니라."

"화상은 무슨 마음씨입니까?"

대사가 크게 웃었다.

어떤 승려가 대사를 도와서 납의를 입혀 주니, 대사가 보이고 게송을 말하였다.

福州香谿從範禪師。僧到參。師曰。汝豈不是鼓山僧。對曰。是。師曰。額上珠為何不見。無對。僧辭。師門送召曰。上座。僧迴首。師曰。滿肚是禪。曰和尚是什麼心行。師大笑而已。師因僧披衲衣。示偈曰。

가섭의 높고도 이름난 옷은
입으려면 민첩한 기틀이어야 하니
화살이 과녁에 적중해 근본에 분명하면
숨거나 드러남을 점칠 곳마저 없다네

迦葉上名衣
披來須捷機
纔分招的箭
密露不藏龜

토끼뿔

"이마의 구슬을 어찌 보지 못했는가?" 했을 때

대원은 발을 한 번 구르고, 조금 있다가 "험." 했을 것이다.

복주(福州) 나원(羅源) 성수(聖壽) 엄(嚴) 화상

어떤 승려가 천주(泉州)에서 돌아와 뵈니, 대사가 바느질을 하다가 번쩍 들어 보이면서 말하였다.

"산승(山僧)의 누더기 한 벌을 여러 사람 앞에 펴 보이니, 운수(雲水)[62]여, 두어 바늘 꿰매 주되 바늘과 실이 보이지 않게 하라. 빨리 일러라."

승려가 대답이 없으니 대사가 말하였다.

"그렇게 많은 세월을 거기서 무엇을 했는가?"

福州羅源聖壽嚴和尙。有僧自泉州迴來參。師補衲次提起示之曰。山僧一衲衣展似眾人見。雲水請兩條莫教露針線。快道。僧無對。師曰。如許多時在彼作什麼。

62) 운수(雲水) : 도를 묻기 위하여 스승을 찾아 여러 곳으로 돌아다니는 승려를 비유적으로 이르는 말.

토끼뿔

"산승(山僧)의 누더기 한 벌을 여러 사람 앞에 펴 보이니, 운수(雲水)여, 두어 바늘 꿰매 주되 바늘과 실이 보이지 않게 하라. 빨리 일러라." 했을 때

대원은 "보이는 것, 들리는 것 모든 것들이 이미 누설한 바이거늘 새삼스럽습니다." 하리라.

앞의 홍주(洪州) 감담(感潭) 자국(資國) 화상의 법손

안주(安州) 백조산(白兆山) 축건원(竺乾院) 지원(志圓) 대사

지원 대사의 호는 현교(顯教)이다.
어떤 승려가 물었다.
"모든 부처님들의 심인(心印)을 누가 전해 받았습니까?"
대사가 말하였다.
"달마 대사니라."
"달마가 어찌 전해 받았겠습니까?"
"그대는 누가 전해 받았으리라 여기는가?"

前洪州感潭資國和尚法嗣。安州白兆山竺乾院志圓。號顯教大師。僧問。諸佛心印什麼人傳得。師曰。達磨大師。曰達磨爭能傳得。師曰。汝道什麼人傳得。

“어떤 것이 바로 끊는 한 길입니까?”
“절〔截〕.”

“어떤 것이 불법의 대의입니까?”
“괴롭구나.”

“어떤 것이 도입니까?”
“두루하다.”

“어떤 것이 학인 자신입니까?”
“잃었느냐?”

“어떻게 산하대지(山河大地)가 없음을 얻습니까?”
“소견을 일으키지 말라.”

問如何是直截一路。師曰。截。問如何是佛法大意。師曰。苦。問如何是道。師曰。普。問如何是學人自己。師曰。失。問如何是得無山河大地去。師曰。不起見。

현칙(玄則)이 물었다.

"어떤 것이 부처입니까?"

대사가 말하였다.

"병정동자(丙丁童子)[63)]가 불을 얻으러 왔구나."[64)]

"어떤 것이 필발라굴(畢鉢羅窟)[65)] 앞의 가섭 도량에 있는 사람입니까?"

"석가모니불이니라."

"어떤 것이 주정왕(朱頂王)보살입니까?"

"그런 머리 붉은 이를 물어서는 무엇 하랴."

玄則問。如何是佛。師曰。丙丁童子來求火(則師後參法眼方明厥旨住金陵報恩院)。問如何是畢鉢羅窟迦葉道場中人。師曰。釋迦牟尼佛。問如何是朱頂王菩薩。師曰。問那箇赤頭漢作麼。

---

63) 병정동자(丙丁童子) : 병정은 음양오행설로 볼 때 불에 해당한다.

64) 현칙(玄則)이 나중에 법안에게 참문하고 나서야 비로소 그 이치를 깨닫고 금릉의 보은원에 살았다. (원주)

65) 필발라굴(畢鉢羅窟) : 부처님께서 열반하신 후 경을 결집하였던 곳.

토끼뿔

ᔓ "어떤 것이 바로 끊는 한 길입니까?" 했을 때

대원은 한 대 때렸으리라.
"험."

ᔓ "어떤 것이 산하대지(山河大地)가 없음을 얻습니까?" 했을 때

대원은 할을 했을 것이다.
"참."

앞의 호주(濠州) 사명(思明) 화상의 법손

양주(襄州) 취령(鷲嶺) 선본(善本) 선사

선본 선사가 욕실(浴室)에 들어갔을 때에 어떤 승려가 물었다.

"화상은 더러움을 여읜 사람인데, 어째서 목욕을 하시려는 것입니까?"

대사가 말하였다.

"정(定)인 물이 가없이 이러-히 가득해서 이 때 없는 사람을 목욕하게 한다."

前濠州思明和尚法嗣。襄州鷲嶺善本禪師。因入浴室。有僧問。和尚是離垢底人。為什麼却浴。師曰。定水湛然滿浴此無垢人。

“조사의 뜻과 경전의 뜻이 같습니까, 다릅니까?”

“취령의 봉우리 위에 푸른 풀이 하늘을 찌르고, 녹야원(鹿野苑)[66]안에 여우와 토끼가 어지러이 달린다.”

問祖意教意是同是別。師曰。鷲嶺峯上青草森天。鹿野苑中狐兔交橫。

66) 녹야원(鹿野苑) : 부처님께서 깨달으신 후 처음 다섯 비구를 제도하신 곳.

토끼뿔

"화상은 더러움을 여읜 사람인데, 어째서 목욕을 하시려는 것입니까?" 했을 때

대원은 "뭣을 보느냐?" 하고 큰 기침을 했을 것이다.

앞의 담주(潭州) 대광산(大光山) 거회(居誨) 선사의 법손

담주(潭州) 곡산(谷山) 유연(有緣) 선사

유연 선사에게 어떤 승려가 물었다.

"객지에서 방황하던 자식이 어떻게 돌아옵니까?"

대사가 말하였다.

"사람이 모이는 길로는 통하지 않느니라."

"그러면 존중히 받들 곳도 없겠습니다."

"그대의 발우가 땅에 떨어졌는데 들어 올리려 해도 들리지 않는다."

前潭州大光山居誨禪師法嗣。潭州谷山有緣禪師。僧問。伶俜之子如何歸向。師曰。會人路不通。曰恁麼即無奉重處也。師曰。我道你鉢盂落地拈不起。

“한번 일으켜서 바로 구를 때에는 어떠합니까?”

“야생말이 달릴 때에 채찍과 고삐가 끊어지고, 돌사람이 손뼉을 치면서 깔깔 웃는다.”

問一撥便轉時如何。師曰。野馬走時鞭轡斷。石人撫掌笑呵呵。

토끼뿔

"객지에서 방황하던 자식이 어떻게 돌아옵니까?" 했을 때

대원은 "이렇게 돌아오느니라." 하면서 세 방망이를 때렸을 것이다.

담주(潭州) 용흥(龍興) 화상

용흥 화상에게 어떤 승려가 물었다.
"한번 일으켜서 바로 구를 때에는 어떠합니까?"
대사가 말하였다.
"영리한 근기가 아니구나."

"자리를 얻어 옷깃을 풀 때에는 어떠합니까?"
"단정하지 못하지."
"어찌하여 단정하지 못합니까?"
"증득하거나 얻는 것이 아니니라."

"어떤 것이 길 가운데의 사람입니까?"
"종일토록 고요히 눈썹이나 모으느니라."

潭州龍興和尚。僧問。一撥便轉時如何。師曰。根不利。問得座披衣時如何。師曰。不端嚴。曰為什麼不端嚴。師曰。不從證得。問如何是道中人。師曰。終日寂攢眉。

토끼뿔

ഌ “한번 일으켜서 바로 구를 때에는 어떠합니까?” 했을 때

대원은 “이렇느니라.” 하리라.

ഌ “어떤 것이 길 가운데의 사람입니까?” 했을 때

대원은 “어쨌는가?” 하리라.

담주(潭州) 복룡산(伏龍山) 화상(제1세 주지)

복룡산 화상에게 어떤 승려가 물었다.

"긴 강을 저어서 소락(酥酪)[67]을 만들고, 땅덩이를 황금으로 변화시킬 때에는 어떠합니까?"

대사가 말하였다.

"팔은 긴데 옷소매가 짧구나."

"인연을 따르다가 과(果)를 발견하여 안다 하니, 어떤 것이 과입니까?"

"눈 속에 핀 모란꽃이니라."

"어떤 것이 조사께서 서쪽에서 오신 뜻입니까?"

"그대는 어떻게 아프고 가려운 줄도 모르는가?"

潭州伏龍山和尚(第一世住)。僧問。攪長河為酥酪。變大地為黃金時如何。師曰。臂長衫袖短。問隨緣認果如何是果。師曰。雪內牡丹華。問如何是祖師西來意。師曰。你得恁麼不識痛痒。

67) 소락(酥酪) : 소나 양의 젖으로 만든 귀한 음식.

"긴 강을 저어서 소락(酥酪)을 만들고, 땅덩이를 황금으로 변화시킬 때에는 어떠합니까?" 했을 때

대원은 "목마를 거꾸로 타고 들어간 목동이 왕으로 봄노래 부르면서 춤을 추는 한마당이니라." 하리라.

경조(京兆) 백운(白雲) 선장(善藏) 선사

선장 선사에게 어떤 승려가 물었다.
"어떤 것이 깊고 깊은 곳입니까?"
대사가 말하였다.
"난쟁이가 깊은 개울을 건너는구나."

"발가벗은 다리일 때에는 어떠합니까?"
"왜 벗어 버리지 않는가?"

"어떤 것이 법이라는 법도 나지 않는 것입니까?"
"만 갈래 물이요, 천 봉우리의 산이니라."

京兆白雲善藏禪師。僧問。如何是深深處。師曰。矮子渡深溪。問赤脚時如何。師曰。何不脫却。問如何是法法不生。師曰。萬水千山。

 토끼뿔

"어떤 것이 깊고 깊은 곳입니까?" 했을 때

대원은 가까이 오라 해서 귀를 한 번 불었을 것이다.
"험."

담주(潭州) 복룡산(伏龍山) 화상(제2세 주지)

복룡산 화상에게 어떤 승려가 물었다.
"인연을 따르다가 깨달을 때에는 어떠합니까?"
대사가 말하였다.
"그대는 흥국문루(興國門樓)의 높이가 얼마나 되리라 여기는가?"

"자식이 아비의 덕행을 이야기하지 않을 때에는 어떠합니까?"
"소리를 낮춰라, 소리를 낮춰."

潭州伏龍山和尚(第二世住)。僧問。隨緣認得時如何。師曰。汝道興國門樓高多少。問子不譚父德時如何。師曰。低聲低聲。

“인연을 따르다가 깨달을 때에는 어떠합니까?” 했을 때

대원은 “이렇다.” 하며 한 때 때렸을 것이다.

협부(陝府) 용준산(龍峻山) 화상

용준산 화상에게 어떤 승려가 물었다.
"어떤 것이 용준산입니까?"
대사가 말하였다.
"부처의 눈으로 보아도 볼 수 없다."
"어떤 것이 산중의 사람입니까?"
"어떠냐?"

"어떤 것이 선악을 모르는 사람입니까?"
"천 성인도 가까이하지 못하느니라."
"그 사람도 구경(究竟)의 일이 있음을 압니까?"
"모르느니라."
"어째서 모릅니까?"

陝府龍峻山和尚。僧問。如何是龍峻山。師曰。佛眼看不見。曰如何是山中人。師曰。作麼。問如何是不知善惡底人。師曰。千聖近不得。曰此人還知有向上事也無。師曰。不知。曰。為什麼不知。

"선악도 알지 못하는데 무슨 구경의 일을 말하리오."
"어째서입니까?"
"안욕(犴狢)[68]이라 이르는 것을 듣지 못했는가?"

"어떤 것이 부처라는 것마저 초월한 사람입니까?"
"모습으로 드러낼 수 없다."

"펴고 열어 다한다 해도 모두가 지금에 떨어진 것이라 했는데, 펴지도 열지도 않을 때에는 어떠합니까?"
"펴지 마라, 펴지 마."
"끝내는 어떻게 해야 하겠습니까?"
"열지 마라, 열지 마."

師曰。不識善惡說什麼向上事。曰如何。師曰。不見道犴狢(上俄寒切下音欲)。問如何是佛向上人。師曰。不戴容。問凡有展拓盡落今時。不展拓時如何。師曰。不展不展。曰畢竟如何。師曰。不拓不拓。

68) 앞 글자는 아와 한의 반절(反切)이고, 뒷글자의 음은 욕이다. (원주)
안욕(犴狢)은 짐승의 이름이다.

토끼뿔

ᯅ "어떤 것이 산중의 사람입니까?" 했을 때

대원은 한 발을 들었을 것이다.
"험."

ᯅ "펴고 열어 다한다 해도 모두가 지금에 떨어진 것이라 했는데, 펴지도 열지도 않을 때에는 어떠합니까?" 했을 때

대원은 ○을 허공에 그렸을 것이다.

담주(潭州) 복룡산(伏龍山) 화상(제3세 주지)

복룡산 화상에게 어떤 이가 물었다.

"천 겹의 산길을 다 걷고 난 현묘한 기틀의 일은 어떠합니까?"

대사가 말하였다.

"새의 길〔鳥道〕에도 머물지 않는다."

潭州伏龍山和尚(第三世住)。問行盡千山路。玄機事若何。師曰。鳥道不曾棲。

토끼뿔

"천 겹의 산길을 다 걷고 난 현묘한 기틀의 일은 어떠합니까?" 했을 때

대원은 "옥룡이 창공을 달리고 무쇠코끼리 바다를 건너오며 나무처녀 무생곡을 노래한다." 하리라.

앞의 균주(筠州) 구봉(九峯) 도건(道虔) 선사의 법손

신라(新羅) 청원(淸院) 화상

청원 화상에게 어떤 이가 물었다.
"말을 달리면서 제기 놀이를 하면 누가 얻습니까?"
대사가 말하였다.
"누가 얻지 못한 자인가?"
"그러면 다투지 않는 것이 좋겠군요."
"설사 다투지 않는다 하여도 역시 허물이 있다."
"어찌하여야 이런 허물을 면합니까?"

前筠州九峯道虔禪師法嗣。新羅淸院和尙。問奔馬爭毬誰是得者。師曰。誰是不得者。曰恁麼即不爭是也。師曰。直得不爭亦有過在。曰如何免得此過。

대사가 말하였다.
"애초에 잃지 않았다."
"잃지 않은 곳을 어떻게 단련하겠습니까?"
"두 손으로 들어도 일으키지 못한다."

師曰。要且不曾失。曰不失處如何鍛鍊。師曰。兩手捧不起。

토끼뿔

ထ "말을 달리면서 제기 놀이를 하면 누가 얻습니까?" 했을 때

대원은 "잘 해라, 잘 해." 하리라.

ထ "잃지 않은 곳을 어떻게 단련하겠습니까?" 했을 때

대원은 "이렇게 하라." 하리라.

홍주(洪州) 늑담(泐潭) 보봉(寶峯) 신당(神黨) 선사

신당 선사에게 어떤 승려가 물었다.
"모든 행위 중에 어찌하여야 주인을 가리겠습니까?"
대사가 말하였다.
"보봉이 신을 벗지 않았을 때에도 바로 만나느니라."

"어떤 것이 불법의 대의입니까?"
"허공에 무쇠배를 띄우니, 산봉우리의 물결이 하늘을 찌른다."

洪州泐潭寶峯神黨禪師。僧問。四威儀中如何辨主。師曰。正遇寶峯不脫鞋。問如何是佛法大意。師曰。虛空駕鐵船嶽頂浪滔天。

토끼뿔

“모든 행위 중에 어찌하여야 주인을 가리겠습니까?” 했을 때

대원은 죽비를 세웠다 누이고, “험” 하리라.

길주(吉州) 남원산(南源山) 행수(行修) 선사

행수 선사의 호는 혜관(慧觀)이고, 또는 광목(光睦) 화상이라고도 하였다.

어떤 승려가 물었다.

"어떤 것이 남원산의 경치입니까?"

대사가 말하였다.

"몇 개의 봉우리에서 원숭이와 새가 울었던가? 한가닥 평평한 개울에서 놀던 아이들이 갈 길을 잊었구나."

"어떤 것이 남원의 깊고 깊은 곳입니까?"

"뭇 사람 모두가 본다."

"그러면 얕겠습니다."

"두 가닥으로는 요원하다."

吉州南源山行修號慧觀禪師。亦云光睦和尚。僧問。如何是南源境致。師曰。幾處峯巒猿鳥嘯。一帶平川遊子迷。問如何是南源深深處。師曰。眾人皆見。曰恁麼即淺去也。師曰。也是兩頭遙。

토끼뿔

"어떤 것이 남원산의 경치입니까?" 했을 때

대원은 "잘 봐라." 해서, 그 승려가 다시 "어떤 것이 잘 보는 것입니까?" 하면

"목마를 거꾸로 타고 든 궁을 여의지 않고 보는 것이다." 했으리라.

홍주(洪州) 늑담(泐潭) 명(明) 선사

명(明) 선사가 어느 날 객승의 자리로 내려가 앉자 대중이 방장으로 돌아가기를 청하니, 이에 대사가 말하였다.

"이르면 곧 가겠다."

이때에 모(牟) 화상이라는 이가 대답하였다.

"대중이 청합니다."

대사가 그제서야 법당에 오르니 모 화상이 물었다.

"생각해 헤아릴 수 없는 곳을 식정(識情)으로 측정하기 어려울 때에는 어떠합니까?"

"나는 옛사람을 어기지 않고자 한다."

"옛사람의 뜻을 어기지 않으면 어떠합니까?"

"그래도 응당히 너한테서 절 세 번은 받을 수 있다."

洪州泐潭明禪師。一日下到客位。衆請師歸方丈。師曰。道得即去。時牟和尚對曰。大衆請師。乃上法堂。問非思量處識情難測時如何。師曰。我不欲違古人。曰不違古人意作麼生。師曰。也合消得禮三拜。

어떤 승려가 물었다.

"방망이로 두드리고 갈고 갈아 잊지 말라는 것은 무슨 뜻입니까?"

대사가 말하였다.

"호랑이 아가리 속에 살아 있는 참새이니라."

"무엇이 이 도(道)입니까?"

"머리칼이 길고 길다."

"어떤 것이 도인의 가풍입니까?"

"불전(佛殿) 앞에서 존자를 만난다."

"어떤 것이 화상의 하루 일입니까?"

"발우 속에 부러진 젓가락이 없느니라."

"어떤 것이 사문의 하루 일입니까?"

"시끄럽게 많은 사람의 도움을 빌지 않는다."

僧問。碓擣磨磨不得忘却。此意如何。師曰。虎口裏活雀兒。問如何是道者。師曰。毛毿毿。曰如何是道者家風。師曰。佛殿前逢尊者。問如何是和尚終日事。師曰。鉢盂裏無折筯。曰如何是沙門終日事。師曰。轟轟不借萬人機[69]。

69) 機가 송, 원나라본에는 없다.

토끼뿔

ꩰ "생각해 헤아릴 수 없는 곳을 식정(識情)으로 측정하기 어려울 때에는 어떠합니까?" 했을 때

대원은 "측정." 하리라.

ꩰ "방망이로 두드리고 갈고 갈아 잊지 말라는 것은 무슨 뜻입니까?" 했을 때

대원은 죽비를 세 번 쳤을 것이다.
"험."

길주(吉州) 추산(秋山) 화상

추산 화상에게 어떤 승려가 물었다.
"어떤 것이 조사께서 서쪽에서 오신 뜻입니까?"
대사가 말하였다.
"삼나무니라."

吉州秋山和尚。僧問。如何是祖師西來意。師曰。杉樹子。

토끼뿔

"어떤 것이 조사께서 서쪽에서 오신 뜻입니까?" 했을 때 대원은 "조사가 서쪽에서 오신 뜻이니라." 하리라.

홍주(洪州) 늑담(泐潭) 연무(延茂) 선사

연무 선사에게 어떤 승려가 물었다.
"어떤 것이 옛 부처님의 마음입니까?"
대사가 말하였다.
"토목이나 기왓장이 그것이라 할 수는 없다."

"해가 서산에 졌는데 숲속의 일이 어떠합니까?"
"뜰 앞에는 분홍 꽃이 피었다 해도 방안에서는 봄을 모른다."

洪州泐潭延茂禪師。僧問。如何是古佛心。師曰。終不道土木瓦礫是。問日落西山去林中事若何。師曰。庭前紅華秀室內不知春。

토끼뿔

"해가 서산에 졌는데 숲속의 일이 어떠합니까?" 했을 때 대원은 "이렇다." 함과 동시에 한 대 때렸으리라.

홍주(洪州) 봉서산(鳳棲山) 동안원(同安院) 상찰(常察) 선사

상찰 선사에게 어떤 승려가 물었다.
"어떤 것이 봉서의 가풍입니까?"
대사가 말하였다.
"봉서에는 가풍이 없다."
"이미 봉서라고 하면서 어째서 가풍이 없습니까?"
"객을 맞은 적이 없으니 객을 대접한 적도 없느니라."
"그러면 사방에서 찾아와 뵙는 이를 대하면 무슨 일을 합니까?"
대사가 말하였다.
"밥은 스스로 있거늘 옆사람이 베풀랴."

洪州鳳棲山同安院常察禪師。僧問。如何是鳳棲家風。師曰。鳳棲無家風。曰既是鳳棲為什麼却無家風。師曰。不迎賓不待客。曰恁麼即四海參尋當為何事。師曰。盤飣自有旁人施。

"어떤 것이 봉서의 경계입니까?"

"천 봉우리가 이어진 능선은 빼어나지만 만 길 가파른 봉우리는 봄을 알지 못한다."

"어떤 것이 경계 가운데의 사람입니까?"

"높은 바위 빼어난 돌에 앉으니, 내린 백운(白雲)에 마음이 없다."

問如何是鳳棲境。師曰。千峯連嶽秀。萬嶂不知春。曰如何是境中人。師曰。孤巖倚石坐不下白雲心。

"그러면 사방에서 찾아와 뵙는 이를 대하면 무슨 일을 합니까?" 했을 때

대원은 "더 이상 무엇을 말하랴." 하리라.

홍주(洪州) 늑담(泐潭) 광오(匡悟) 선사(제4세 주지)

광오 선사에게 어떤 승려가 물었다.

"어떤 것이 바로 끊는 한 길입니까?"

대사가 말하였다.

"좋은 소식 같구나."

"도리어 모든 것을 초월했다는 것마저 세우지 않는 일과 상통할 수 있습니까?"

"물고기가 밑으로 지나간다."

"어떤 것이 문을 닫고 수레를 만드는 것입니까?"[70]

"살 궁리를 하나 한 물건도 없느니라."

洪州泐潭匡悟禪師(第四世住)。僧問。如何是直截一路。師曰。恰好消息。曰還通向上事也無。師曰。魚從下過。問如何是閉門造車。師曰。活計一物無。

---

70) 수레는 양쪽 바퀴 사이의 거리가 일정하게 정해져 있어서 문을 닫고 집안에서 수레를 만들어 밖에 나가 수레바퀴를 합쳐도 길에 만들어둔 궤도(레일)나 앞서 지나간 바퀴자국에 들어맞았다. 당나라 때 선승의 행적과 법어 등을 수록한 조당집(祖堂集)에 '보현행을 닦으려는 이는 먼저 진리를 밝히고 인연 따라 수행하면 불조의 수행과 상응하게 될 것이다. 이는 마치 문을 닫고 수레를 만들고 밖에 나가 바퀴를 짜 맞추는 것과 같다.'라고 하였다. 폐문조거 출문합철(閉門造車 出門合轍).

"어떤 것이 문에 나서서 바퀴 선에 맞는 것입니까?"
"자리에 앉은 채 장안(長安)에 나아간다."

"향 연기가 자욱하게 큰 법석을 베풀었습니다. 위로부터의 종승을 어떻게 드날렸습니까?"
"남의 것으로 흉내 내어 잘못 말하지 말라."
"그러면 모두가 이러-히 응할 뿐이겠군요."
"도리어 교섭이 없구나."

"여섯 잎이 번성한데 스님은 어느 잎을 전하십니까?"
"여섯 잎은 서로 이어진 것이 아니고, 꽃 피고 열매 맺는 것도 아니다."
"어찌 오늘의 일이야 없겠습니까?"
"오늘이라 하면 곧 있는 것이 된다."
"오늘의 일이 어떠합니까?"
"잎들이 가지마다 번성하고 꽃은 곳곳마다 피어 향기롭다."

曰如何是出門合轍。師曰。坐地進長安。問香煙馥郁大張法筵。從上宗乘如何舉唱。師曰。莫錯舉似人。曰恁麼即總應如是。師曰。還是沒交涉。問六葉芬芳師傳何葉。師曰。六葉不相續華開果不成。曰豈無今日事。師曰。若是今日即有。曰今日事如何。師曰。葉葉連枝秀華開處處芳。

토끼뿔

“어떤 것이 바로 끊는 한 길입니까?” 했을 때 대원은 “덕산의 방망이 밑이니라.” 하리라.

길주(吉州) 화산(禾山) 무은(無殷) 선사

무은 선사는 복주(福州) 사람으로 성은 오(吳)씨이다. 7세에 설봉(雪峯) 진각(眞覺) 대사에 의해 출가하여 나이가 차니 구족계를 받고, 행각을 떠나 균양(筠陽)에 가서 구봉을 뵈니 구봉이 입실을 허락하였다.

어느 날 구봉이 물었다.

"그대가 멀리서 와 대중을 잘 따르는데 어떠한 경계를 닦아 행하여야 한다고 여기며, 어떠한 지름길을 의지해야 벗어나리라 여기는가?"

대사가 대답하였다.

"캄캄한 밤이 밝았으나 소경은 제 스스로 보지 못합니다."

구봉이 처음에는 허락하지 않았으나, 대사가 나중에 그 뜻을 깨닫고 알던 지견이 단박에 없어졌다.

吉州禾山無殷禪師者。福州人也。姓吳氏。七歲依雪峯真覺大師出家。年滿受戒。遊方抵筠陽謁九峯。峯許入室。一日謂之曰。汝遠遠而來暉暉隨衆。見何境界而可修行。由何徑路而能出離。師對曰。重昏廓闢盲者自盲。峯初未許。師於是發明厥旨頓忘知見。

그 뒤에 청을 받고 길주 화산에 있는 대지원(大智院)에 머무르면서 배우는 이들을 제도하였다. 대사가 일찍이 교훈 열 편을 지으니, 제방에서 탄복하면서 이르기를 '화산은 총림의 본보기가 되기에 알맞다.'라고 하였다.

이때에 강남(江南)의 이(李)씨가 대사를 초청해 물었다.

"화상은 어디서 오셨소?"

"화산에서 왔습니다."

"화산이 어디에 있소?"

"사람은 와서 대궐에 모이나 산은 움직인 적이 없습니다."

국주(國主)가 소중히 여겨 양주(揚州)의 상광원(祥光院)에서 살게 하였으나 다시 산으로 들어가겠다 청하였다. 그리고는 취암원(翠巖院)이 강서(江西) 지방의 훌륭한 곳이라 여겨 그곳을 선택해서 살았다. 이때에 상람원(上藍院)에서도 방을 비워 놓고 대사에게 내왕하면서 교화해달라 하고, 호를 징원 선사(澄源禪師)라 하였다.

先受請止吉州禾山大智院。學徒濟濟。嘗述垂誡十篇。諸方歎伏咸謂。禾山可以為叢林表則。時江南李氏召而問曰。和尚何處來。師曰。禾山來。曰山在什麼處。師曰。人來朝鳳闕山嶽不曾移。國主重之。命居揚州祥光院。復乞入山。以翠巖院乃江西之勝概。遂棲止焉。時上藍院復虛其室。命師來往闡化。號澄源禪師。

어떤 승려가 물었다.

"학인이 처음으로 총림에 들어왔으니 스님께서 가리켜 보여 주십시오."

대사가 말하였다.

"그대에게 아끼지 않았다."

"앙산(仰山)이 삽을 꽂은 뜻이 무엇입니까?"

"그대가 나에게 묻는다."

"현사(玄沙)가 삽을 걷어차서 쓰러뜨린 뜻이 무엇입니까?"

"내가 그대에게 묻는다."

"참 종풍을 가리지 못했는데 어떻게 체득해야 알겠습니까?"

"머리가 크고 꼬리가 뾰족하니라."

"지척 사이에 있는데 어째서 스님의 얼굴이 보이지 않습니까?"

"그대에게 하나의 반만 일러 주리라."

僧問。學人乍入叢林乞師指示。師曰。於汝不惜。問仰山插鍬意作麼生。師曰。汝問我。曰玄沙蹋倒鍬意作麼生。師曰。我問汝。問未辨真宗如何體悉。師曰。頭大尾尖。問咫尺之間為什麼不覩師顏。師曰。且與闍梨道一半。

"어째서 전부를 일러 주시지 않습니까?"

"법대로 다 하면 백성들이 없어진다."

"백성들이 없어지는 것은 두렵지 않으니, 스님께서 법을 다하여 주십시오."

"친구를 위하다가는 몸을 상한다."

"어째서 몸을 상합니까?"

"좋은 마음이라면 판단하는 것을 좋아할 것도 없다."

"존자가 눈썹을 치켜들고 눈을 부릅뜨며 아육왕[71]을 볼 때에는 어떠합니까?"

"지금은 어떤가?"

"학인은 어떻게 알아야 합니까?"

"마리지산(摩利支山)[72] 아닌 것이 없다."

曰為什麼不全道。師曰。盡法無民。曰不怕無民請師盡法。師曰。為知己喪身。曰為什麼却喪身。師曰。好心無好報。問尊者撥眉擊目視育王時如何。師曰。即今也什麼。曰學人如何領會。師曰。莫非摩利支山。

---

71) 아육왕 : 마우리야 왕조의 제3대 왕으로 전 인도를 통일함. 불교에 귀의하여 불법을 보호하고 불교를 전파함.

72) 마리지산(摩利支山) : 천신 중의 하나인 마리지가 사는 산. 마리지는 형상을 볼 수도 없고 취할 수도 없으며 손으로 만질 수도 없다는 뜻이다.

마니보전(摩尼寶殿)[73]에 네 모퉁이가 있는데 한 모퉁이는 항상 드러나 있다고 하니, 어떤 것이 항상 드러난 모퉁이입니까?"

대사가 손을 번쩍 들고 말하였다.

"그대가 나를 때려라."

그리고는 물었다.

"그대는 알겠는가?"

"모르겠습니다."

"그대가 어찌 나를 때릴 줄 알겠는가?"

"어떤 것이 서쪽에서 오신 뜻입니까?"

"쳐부숴 버려라."

"이글거리는 불 속에 이미 있으니 스님께서 단련해 주십시오."

"망치를 내려치면 그릇이 되느니라."

"그러면 연마가 되었군요."

"지주(池州) 화상이니라."

問摩尼寶殿有四角一角常露。如何是露底角。師擧手曰。汝打我却問。汝還會麼。曰不會。師曰。汝爭解打得我。問如何是西來意。師曰。撲破著。問已在紅焰請師烹鍊。師曰。槌下成器。曰恁麼即烹鍊去也。師曰。池州和尚。

73) 마니보전(摩尼寶殿) : 보배 구슬 여의주가 있는 곳.

"사방 벽에서는 벼를 떨고, 중간 줄은 풀을 벱니다. 화상께서는 어느 쪽으로 가시겠습니까?"

"어느 곳으로도 나가지 않는다."

"그러면 대중도 가는 것과 같겠습니다."

"보잘 것 없는 제자로구만."

대사는 건륭(建隆) 원년(元年) 경신(庚申) 2월에 약간 병이 났는데, 3월 2일에 시자를 시켜 방장실 문을 열고 대중을 모이게 하였다. 그리고는 하직을 하며 말하였다.

"나중의 학자들은 화산을 알지 못하리니 지금 알아둬라. 안녕."

이보다 앞서 대중에게 말하였다.

"세워서 생매장시켜라."

본국에서 시호는 법성 선사(法性禪師)라 하고, 탑호는 묘상(妙相)이라 하였다.

問四壁打禾中行剗草。和尚赴阿那頭。師曰。什麼處不赴。曰恁麼即同於眾去也。師曰。小師弟子。師建隆元年庚申二月示有微疾。三月二日令侍者啟方丈集大眾。告辭曰。後來學者未識禾山。即今識取。珍重。先是大眾為立生藏。本國諡法性禪師。塔曰妙相。

토끼뿔

"현사(玄沙)가 삽을 걷어차서 쓰러뜨린 뜻이 무엇입니까?" 했을 때

대원은 발을 두 번 구르고 우뚝 섰을 것이다.

홍주(洪州) 늑담(泐潭) 모(牟) 화상

모(牟) 화상에게 어떤 이가 물었다.
"어떤 것이 학인이 힘을 써야 할 곳입니까?"
"바로 그것이 힘을 쓰는 것이니라."

"옛사람이 자리를 걷은 뜻이 무엇입니까?"
"안녕."
그리고는 법당에서 내려왔다.

洪州泐潭牟和尚。問如何是學人著力處。師曰。正是著力。問古人卷席意如何。師曰。珍重。便下堂。

토끼뿔

"옛사람이 자리를 걷은 뜻이 무엇입니까?" 했을 때

대원은 "삼세의 부처님도 혀 놀리지 못한다." 하리라.

앞의 태주(台州) 용천(涌泉) 경흔(景欣) 선사의 법손

태주(台州) 육통원(六通院) 소(紹) 선사

소(紹) 선사는 처음에 용천 화상을 뵙고 입실하여 종지를 깨달았다.

어느 날 밭에 불을 지르고 선원에 돌아오니 용천이 물었다.

"어디를 갔다 왔는가?"

대사가 말하였다.

"밭에 불을 지르고 옵니다."

"불을 지른 뒤 일은 어찌 되었는가?"

"무쇠뱀이 뚫어도 들어가지 않습니다."

용천이 허락하였다.

前台州涌泉景欣禪師法嗣。台州六通院紹禪師。初參涌泉和尚。入室領旨。一日燒畬歸院。泉問。去什麼處來。師曰。燒畬來。泉曰。火後事作麼生。紹曰。鐵蛇鑽不入。泉許之。

나중에 육통원에 살기 시작하니, 참선하는 무리가 모여와서 의지하였다.

어떤 승려가 물었다.
"목구멍과 입술을 벗어날 수 없는 일이 어떠합니까?"
대사가 말하였다.
"그대가 호미로 한 번 찍어 건자산(巾子山)을 끊거든 그대에게 말해 주리라."

"남산에 독한 용 한 마리가 있는데, 어찌하여야 가까이하겠습니까?"
"그대뿐이 아니라 천 성인도 가까이하지 못한다."

어떤 이가 물었다.
"듣건대 남방에는 한 칼에 관한 화두가 있다는데, 어떤 것이 한 칼입니까?"

後居六通院玄侶依附。僧問。不出咽喉脣吻事如何。師曰。待汝一钁斸斷巾子山。我亦不向汝道。問南山有一毒龍如何近得。師曰。非但闍梨千聖亦近不得。人問。承聞南方有一劍話。如何是一劍。

대사가 말하였다.
"칼날을 대한 적도 없다."
"머리가 떨어지면 어찌하겠습니까?"
"나는 칼날을 대한 적도 없다 했는데 무슨 머리가 있겠는가?"
그 사람이 절을 하고 물러갔다.

대사가 여름에 쉬러 천태산의 화정봉(華頂峯)에 들어가 자취를 감춘 뒤에는 그의 여생을 알 수 없다.

師曰。不當鋒。曰頭落又作麼生。師曰。我道不當鋒有什麼頭。其人禮謝而去。師休夏入天台山華頂峯晦迹。莫知所終。

토끼뿔

"듣건대 남방에는 한 칼이라는 화두가 있다는데, 어떤 것이 한 칼입니까?" 했을 때

대원은 "더 이상 무엇을 요구하느냐?" 하리라.

앞의 담주(潭州) 운개산(雲蓋山) 지원(志元) 선사의 법손

담주(潭州) 운개산(雲蓋山) 지한(志罕) 선사

지한 선사에게 어떤 승려가 물었다.

"어떤 것이 산봉우리에 물결이 하늘까지 출렁이는 것입니까?"

대사가 말하였다.

"문수보살이 시끄럽게 구는구나."

"시끄럽게 굴 때에는 어떠합니까?"

"기틀 앞을 향해서 대비(大悲)를 편다고도 하지 않는다."

前潭州雲蓋山志元禪師法嗣。潭州雲蓋山志罕禪師。僧問。如何是嶽頂浪滔天。師曰。文殊正作鬧。曰正作鬧時如何。師曰。不向機前展大悲。

토끼뿔

"어떤 것이 산봉우리에 물결이 출렁이는 것입니까?" 했을 때

대원은 "그 눈은 어디에 쓰느냐?" 하리라.

신라(新羅) 와룡(臥龍) 화상

와룡 화상에게 어떤 이가 물었다.
"어떤 것이 대인(大人)의 상입니까?"
대사가 말하였다.
"자줏빛 휘장 안에서 손을 내리지 않는다."
"어째서 손을 내리지 않습니까?"
"존귀할 것도 없다."

"하루 종일 어떻게 마음을 쓰리까?"
"원숭이가 털 가진 벌레를 잡아먹는다."

新羅臥龍和尚。問如何是大人相。師曰。紫羅帳裏不垂手。曰為什麼不垂手。師曰。不尊貴。問十二時中如何用心。師曰。猢猻喫毛蟲。

토끼뿔

"하루 종일 어떻게 마음을 쓰리까?" 했을 때

대원은 "이렇게 하라." 하리라.

팽주(彭州) 천태(天台) 화상

천태 화상에게 어떤 이가 물었다.
"옛 부처님이 어디로 갔습니까?"
대사가 말하였다.
"복판에 있는 큰 집이 우뚝 솟아 해마다 신령스런 싹을 낸다."

"옛 거울을 갈지 않았을 때에는 어떠합니까?"
"공력을 쓸 것도 없다."
"간 뒤에는 어떠합니까?"
"비춘다고도 않는다."

彭州天台和尚(先住天台)。問古佛向什麼處去。師曰。中央甲第高歲歲出靈苗。問古鏡未磨時如何。師曰。不施功。曰磨後如何。師曰。不照燭。

토끼뿔

“옛 부처님이 어디로 갔습니까?” 했을 때

대원은 “잘 보라.” 하는 동시에 한 대 때렸을 것이다.
“험.”

앞의 담주(潭州) 곡산(谷山) 장(藏) 선사의 법손

신라(新羅) 서암(瑞巖) 화상

서암 화상에게 어떤 이가 물었다.

"검은 눈동자와 흰자가 없는 부처의 눈이 열렸을 때에는 어떠합니까?"

대사가 말하였다.

"그대가 내면만을 지킬까 걱정이다."

"어떤 것이 왕자의 탄생입니까?"

"끌어낼 곳도 없는 깊은 궁궐이다."

前潭州谷山藏禪師法嗣。新羅瑞巖和尚。問黑白兩亡開佛眼時如何。師曰。恐你守內。問如何是誕生王子。師曰。深宮引不出。

토끼뿔

“어떤 것이 왕자의 탄생입니까?” 했을 때

대원은 “어떻느냐?” 하리라.

신라(新羅) 박암(泊巖) 화상

박암 화상에게 어떤 이가 물었다.
"어떤 것이 선(禪)입니까?"
대사가 말하였다.
"옛 무덤은 집이 되지 못한다."

"어떤 것이 도(道)입니까?"
"공연한 거마(車馬)의 자취구나."

"어떤 것이 교(敎)입니까?"
"패엽(貝葉)[74]에 다 적지 못한 것이니라."

新羅泊巖和尚。問如何是禪。師曰。古塚不為家。問如何是道。師曰。徒勞車馬迹。問如何是教。師曰。貝葉收不盡。

74) 패엽(貝葉) : 옛날 인도에서 불경을 새기는 데 쓴 다라수잎.

토끼뿔

"어떤 것이 선(禪)입니까?" 했을 때

대원은 "바로 이런 것이니라." 하리라.

신라(新羅) 대령(大嶺) 화상

대령 화상에게 어떤 승려가 물었다.

"다만 동관(潼關)[75]에 이르러 그만둘 때에는 어떠합니까?"

대사가 말하였다.

"그저 길 도중에서 살 궁리를 한다."

"그 가운데에서만 살 궁리를 하는 것은 어떠합니까?"

"체득함은 얻었으나 주관함은 얻지 못했다."

"체득하였는데 어째서 주관함은 얻지 못합니까?"

"체득한다는 것이 어느 정도 경지의 사람 일이라 하겠는가?"

"그 안의 일이 어떤 것입니까?"

"존귀하다고도 하지 않는다."

新羅大嶺和尚。僧問。只到潼關便却休時如何。師曰。只是途中活計。曰其中活計如何。師曰。體即得當即不得。曰體得為什麼當不得。師曰。體是什麼人分上事。曰其中事如何。師曰。不作尊貴。

---

75) 동관(潼關) : 낙양과 장안 사이에 있는 공격하기에 요긴한 장소.

토끼뿔

"그 안의 일이 어떠합니까?" 했을 때

대원은 "밖이 없다." 하리라.

앞의 담주(潭州) 중운개(中雲蓋) 화상의 법손

담주(潭州) 운개산(雲蓋山) 증각(證覺) 경(景) 화상

경(景) 화상에게 어떤 승려가 물었다.

"국토가 안정되면 공이 어느 곳으로 돌아갑니까?"

대사가 말하였다.

"은대문(銀臺門)[76] 밑에서는 하례를 하지 않는다."

"굴려서도 공(功)이 없을 때에는 어떠합니까?"

"왕가(王家)의 일은 가히 그렇다."

前潭州中雲蓋和尚法嗣。潭州雲蓋山景和尚號證覺禪師。僧問。國土晏清功歸何處。師曰。銀臺門下不賀。曰轉為無功時如何。師曰。王家事可然。

76) 은대문(銀臺門) : 상소를 받는 문.

"굴려서도 공(功)이 없을 때에는 어떠합니까?" 했을 때

대원은 "태평세월이 무궁하니라." 하리라.

색 인 표

색 인 표

색 인 표

색 인 표

색 인 표

색 인 표

색 인 표

부록은 농선 대원 선사님의 인가 내력과 법어 그리고 대원 선사님께서 직접 작사하신 노래 가사를 실었다. 특히 요즘 선지식 없이 공부하는 이들을 위하여 수행의 길로부터 불보살님의 누림까지 닦아 증득할 수 있도록 '부록4'에 '가슴으로 부르는 불심의 노래' 가사를 담았으니 끝까지 정독하여 수행의 요긴한 지침이 되기를 바란다.

부 록

농선 대원 선사님 인가 내력

제 1 오도송

이 몸을 끄는 놈 이 무슨 물건인가?
골똘히 생각한 지 서너 해 되던 때에
쉬이하고 불어온 솔바람 한 소리에
홀연히 대장부의 큰 일을 마치었네

무엇이 하늘이고 무엇이 땅이런가
이 몸이 청정하여 이러-히 가없어라
안팎 중간 없는 데서 이러-히 응하니
취하고 버림이란 애당초 없다네

하루 온종일 시간이 다하도록
헤아리고 분별한 그 모든 생각들이
옛 부처 나기 전의 오묘한 소식임을
듣고서 의심 않고 믿을 이 누구인가!

此身運轉是何物
疑端汨沒三夏來
松頭吹風其一聲
忽然大事一時了

何謂靑天何謂地
當體淸淨無邊外
無內外中應如是
小分取捨全然無

一日於十有二時
悉皆思量之分別
古佛未生前消息
聞者卽信不疑誰

대원 선사님의 스승이신 불조정맥 제77조 조계종(曹溪宗) 전강(田岡) 대선사님께서 1962년 대구 동화사의 조실로 계실 당시 대원 선사님께서도 동화사에 함께 머무르고 계셨다.

하루는 전강 대선사님께서 대원 선사님의 3연으로 되어 있는 제1오도송을 들어 깨달은 바는 분명하나 대개 오도송은 짧게 짓는다고 말씀하셨다. 이에 대원 선사님께서는 제1오도송을 읊은 뒤, 도솔암을 떠나 김제들을 지나다가 석양의 해와 달을 보고 문득 읊었던 제2오도송을 일러드렸다.

제 2 오도송

해는 서산 달은 동산 덩실하게 얹혀 있고
김제의 평야에는 가을빛이 가득하네
대천이란 이름자도 서지를 못하는데
석양의 마을길엔 사람들 오고 가네

日月兩嶺載同模
金提平野滿秋色
不立大千之名字
夕陽道路人去來

제2오도송을 들으신 전강 대선사님께서는 이에 그치지 않고 그와 같은 경지를 담은 게송을 이 자리에서 즉시 한 수 지어볼 수 있겠냐고 하셨다. 대원 선사님께서는 곧바로 다음과 같이 읊으셨다.

바위 위에는 솔바람이 있고
산 아래에는 황조가 날도다

대천도 흔적조차 없는데
달밤에 원숭이가 어지러이 우는구나

岩上在松風
山下飛黃鳥
大千無痕迹
月夜亂猿啼

전강 대선사님께서는 위 송의 앞의 두 구를 들으실 때만 해도 지그시 눈을 감고 계시다가 뒤의 두 구를 마저 채우자 문득 눈을 뜨고 기뻐하는 빛이 역력하셨다.

그러나 전강 대선사님께서는 여기에서도 그치지 않고 다시 한 번 물으셨다.

"대중들이 자네를 산으로 불러내어 그 중에 법성(향곡 스님 법제자인 진제 스님. 동화사 선방에 있을 당시에 '법성'이라 불렸고, 나중에 '법원'으로 개명하였다.)이 달마불식(達磨不識) 도리를 일러보라 했을 때 '드러났다'라고 답했다는데, 만약에 자네가 당시의 양무제였다면 '모르오'라고 이르고 있는 달마 대사에게 어떻게 했겠는가?"

대원 선사님께서 답하셨다.

"제가 양무제였다면 '성인이라 함도 서지 못하나 이러-히 짐의 덕화와 함께 어우러짐이 더욱 좋지 않겠습니까?' 하며 달마 대사의 손을 잡아 일으켰을 것입니다."

전강 대선사님께서 탄복하며 말씀하셨다.

"어느새 그 경지에 이르렀는가?"

"이르렀다곤들 어찌하며, 갖추었다곤들 어찌하며, 본래라곤들 어찌하리까? 오직 이러-할 뿐인데 말입니다."

대원 선사님께서 연이어 말씀하시자 전강 대선사님께서 이에 환희하시니 두 분이 어우러진 자리가 백아가 종자기를 만난 듯, 고수명창 어울리듯 화기애애하셨다.

달마불식 공안에 대한 위의 문답은 내력이 있는 것이다. 전강 대선사님께서 대원선사님을 부르시기 며칠 전에, 저녁 입선 시간 중에 노장님 몇 분만이 자리에 앉아있을 뿐 자리가 텅텅 비어 있었다고 한다.

대원 선사님께서 이상히 여기고 있던 중, 밖에서 한 젊은 수좌가 대원선사님을 불렀다. 그 수좌의 말이 스님들이 모두 윗산에 모여 기다리고 있으니 가자고 하기에 무슨 일인가 하고 따라가셨다.

그러자 그 자리에 있던 법성 스님이 보자마자 달마불식 법문을 들고 이르라고 하기에 지체없이 답하셨다.

"드러났다."

곁에 계시던 송암 스님께서 또 안수정등 법문을 들고 물으셨다.

"여기서 어떻게 살아나겠소?"

대뜸 큰소리로 이르셨다.

"안·수·정·등."

이에 좌우에 모인 스님들이 함구무언(緘口無言)인지라 대원 선사님께서는 먼저 그 자리를 떠나 내려와 버리셨다.

그 다음날 입승인 명허 스님께서 아침 공양이 끝난 자리에서 지난 밤 입선시간 중에 무단으로 자리를 비운 까닭을 묻는 대중 공사를 붙여

산 중에서 있었던 일들이 낱낱이 드러나고 말았다. 그리하여 입선시간 중에 자리를 비운 스님들은 가사 장삼을 수하고 조실인 전강 대선사님께 참회의 절을 했던 일이 있었다.

전강 대선사님께서는 이때에 대원 선사님께서 달마불식 도리에 대해 일렀던 경지를 점검하셨던 것이다.

이런 철저한 검증의 자리가 있었던 다음 날, 전강 대선사님께서 부르시기에 대원 선사님께서 가보니 모든 것이 약조된 데에서 주지인 월산(月山) 스님께서 입회해 계셨으며 전강 대선사님께서는 곧바로 다음과 같이 전법게(傳法偈)를 전해주셨다.

전 법 게

부처와 조사도 일찍이 전한 것이 아니거늘
나 또한 어찌 받았다 하며 준다 할 것인가
이 법이 2천년대에 이르러서
널리 천하 사람을 제도하리라

佛祖未曾傳
我亦何受授
此法二千年
廣度天下人

덧붙여 이 일은 월산 스님이 증인이며 2000년까지 세 사람 모두 절대 다른 사람이 알게 하거나 눈에 띄게 하지 않아야 한다고 당부하셨다.

만약 그러지 않을 시에는 대원 선사님께서 법을 펴 나가는데 장애가 있을 것이라고 예언하셨다. 또한 각별히 신변을 조심하라 하시고 월산 스님에게 명령해 대원선사님을 동화사의 포교당인 보현사에 내려가 교화에 힘쓰게 하셨다.

대원 선사님께서 보현사로 떠나는 날, 전강 대선사님께서는 미리 적어두셨던 부송(付頌)을 주셨으니 다음과 같다.

부 송

어상을 내리지 않고 이러-히 대한다 함이여
뒷날 돌아이가 구멍 없는 피리를 불리니
이로부터 불법이 천하에 가득하리라

不下御床對如是
後日石兒吹無孔
自此佛法滿天下

위의 게송에서 '어상을 내리지 않고 이러-히 대한다 함이여'라는 첫째 줄 역시 내력이 있는 구절이다.

전에 대원 선사님께서 전강 대선사님을 군산 은적사에서 모시고 계실 당시 마당에서 홀연히 마주쳤을 때 다음과 같은 문답이 있었다.

전강 대선사님께서 물으셨다.

"공적(空寂)의 영지(靈知)를 이르게."

대원 선사님께서 대답하셨다.

“이러-히 스님과 대담(對談)합니다.”

“영지의 공적을 이르게.”

“스님과의 대담에 이러-합니다.”

“어떤 것이 이러-히 대담하는 경지인가?”

“명왕(明王)은 어상(御床)을 내리지 않고 천하 일에 밝습니다.”

위와 같은 문답 중에 대원 선사님께서 답하신 경지를 부송의 첫째 줄에 담으신 것이다.

전강 대선사님께서 대원선사님을 인가(印可)하신 과정을 볼 때 한 번, 두 번, 세 번을 확인하여 철저히 점검하신 명안종사의 안목에 탄복하지 않을 수 없으며 이에 끝까지 1초의 머뭇거림도 없이 명철하셨던 대원선사님께 찬탄하지 않을 수 없다.

그리하여 법열로 어우러진 두 분의 자리가 재현된 듯 함께 환희용약하지 않을 수 없다.

이제 전강 대선사님과 약속한 2천년대를 맞이하였으므로 여기에 전법게를 밝힌다.

이로써 경허, 만공, 전강 대선사님으로 내려온 근대 대선지식의 정법의 횃불이 이 시대에 이어져 전강 대선사님의 예언대로 불법이 천하에 가득할 것이다.

농선 대원 선사님 법어

깨달음은 실증실수다. 그러나 지금의 불교가 잘못된 견해와 지식으로 불조의 가르침을 왜곡하고 견성성불 하고자 애쓰는 수행인들을 오히려 길을 잃고 헤매게 하고 있다.

그래서 이 장에서는 대원 선사님의 혜안으로 제방에서 논의되는 불교의 핵심적인 대목을 밝혀, 불조의 근본 종지를 드러내고 불교가 나아가야 할 바를 보였다.

깨달음의 정수를 담은 12게송은 실제 깨닫지 못하고 말로만 깨달음을 말하거나 혹은 깨달았다 해도 보림이 미진한 이들을 경계하게 하며 실증의 바탕에서 닦아 증득할 수 있도록 하였으니, 생사를 결단하고 본연한 참나를 회복하려는 이들에게 칠흑 같은 밤길에 등불과 같은 길잡이가 될 것이다.

화두실참

제방의 선방 상황을 보면 목적지에 이르는 길을 몰라 노정길을 묻고 있는 격이다. 무자와 이뭐꼬 화두가 최고라 하면서도 실제 실참을 하지 못하고 있기 때문이다. '이 무엇인고?' 하면서 이 눈으로 보려 한다면 경계 위에서 찾는 것이어서 억만 겁을 두고 찾아도 찾을 수 없다. 그러므로 깨달아 일체종지를 이룬 스승의 분명한 안목의 지도가 없다면 화두를 들든, 관법을 행하든, 염불을 하든 깨달음을 기약한다는 것이 정말 어렵다 할 것이다.

개유불성

부처님께서 분명히 준동함령 개유불성(蠢動含靈 皆有佛性)이라고 하셨다. 이것은 모든 만물이 다 부처가 될 성품을 갖고 있다는 뜻이다. 불성이 하나라고 주장하는 목소리가 불교계에 드높으나 이것은 개유불성 즉, 낱낱이 제 불성은 제가 지니고 있다는 부처님의 말씀을 정면으로 어기는 말이다.

옛 선사님 말씀에 '천지(天地)가 여아동근(與我同根)이고 만물(万物)이 여아일체(與我一切)'라고 했다. '천지가 여아동근이다' 라는 것은 하늘 땅이 나와 더불어 같은 뿌리라는 말이다.

'나와 더불어'라고 했고 또한 한 뿌리가 아니라 같은 뿌리라고 했다. '더불 여(與)'자와 '같을 동(同)'자가 이미 하나라 할 수 없다는 것을 말해주고 있다. 즉 이 말은 하나와도 같다, 한결같이 똑같다는 말이다. 하나라면 '같을 동'자 뿐만 아니라 일이란 글자도 설 수 없다. 일은 이가 있을 때에야 비로소 설 수 있는 것이다.

그러므로 '천지가 여아동근이다' 즉 하늘과 땅이 나와 더불어 같은 뿌리라는 것은 모든 것이 한결같이 가없는 성품 자체에서 비롯되었다는 말이다.

또한 '만물이 여아일체이다' 즉 만물이 나와 더불어 한 몸이라는 말에서 일체란 하나의 몸을 말하는 것이 아니라 모든 불성이 가없는 성품 자체로 서로 상즉한 온통인 몸을 말하는 것이어서 만물이 나와 더불어 상즉한 자체를 말한 것이다.

공부를 많이 한 사람이 외도에 깊이 떨어지는 경우가 있다. 인가를 받지 못한 선지식들이 모두 체성을 보지 못한 이는 아니다. 가없는 성품 자체에 사무치고 보니 도저히 둘일 수가 없으므로 불성이 하나라고 한 것이다. 그러나 불성이 하나라고 하는 것은 바른 깨달음이 아니다. 그래서 인가를 받지 않으면 외도라 하는 것이다. 체성에 사무쳤다 해도 스승의 지도를 받아 일체종지를 이루지 못하면 이런 큰 허물을 짓는 것이다.

만약 불성이 하나라고 하는 이가 있으면 "아픈 것을 느끼는 것이 몸뚱이냐, 자성이냐?"라고 물어야 한다. 그러면 당연히 누구나 자성이라고 답할 것이다. 만약 몸뚱이가 아픔을 느끼는 것이라면 시체도 아픔을 느껴야 하기 때문이다. 이렇게 볼 때에 자성이 하나라면 누군가 아플 때 동시에 모두 아픔을 느껴야 할 것이다. 또한 한 사람이 생각을 일으킬 때 이를 모두 알아야 한다. 불성이 하나라면 마음도 하나여서 다른 마음이 있을 수 없기 때문이다.

돈오돈수

제방에 돈오돈수(頓悟頓修)에 대한 여러 가지 서로 다른 주장으로 시비가 끊어지지 않고 있다. 이로 인해 수행자들이 견성하면 더 이상 닦을 것이 없다는 그릇된 견해에 집착하거나 의심을 일으킬까 염려하여 여기에 바른 돈오돈수의 이치를 밝히고자 한다.

견성이 곧 돈오돈수라고 하는 분들이 많다.

그러나 견성이 곧 구경지인 성불이라면 돈오면 그만이지 돈수란 말은 왜 해놓았겠는가?

또한 오후보림(悟後保任)이라는 말은 무슨 말인가.

금강경에는 네 가지 상(我相, 人相, 衆生相, 壽者相)만 여의면 곧 중생이 아니라는 말이 수없이 되풀이되고 있다.

그런데 제구 일상무상분(第九 一相無相分)을 볼 때 다툼이 없는(곧 모든 상을 여윈) 삼매인(三昧人) 가운데 제일인 아라한도 구경지가 아니니 보살도를 닦아 등각을 거쳐야 구경성불인 묘각지에 이르른다는 사실을 알 수 있다.

또한, 제이십삼 정심행선분(第二十三 淨心行善分)을 보면 부처님께서 "아도 없고, 인도 없고, 중생도 없고, 수자도 없는 가운데 모든 선법(善法)을 닦아야 곧 아뇩다라삼먁삼보리를 얻는다."라고 말씀하시고 있으니 이것은 다름이 아니라 견성한 후에 견성을 한 지혜로써 항상 체성을 여의지 않고, 남은 업을 모두 닦아 본래 갖춘 지혜덕상을 원만하게 회복시켜야 구경성불할 수 있다는 말씀이다.

그렇다면 어째서 돈수일까?

'돈'이란 시공이 설 수 없는 찰나요, '수'란 시간과 공간 속에서 닦는 것이다.

단박에 마친다면 '돈'이면 그만이고, 견성 이전이든 이후든 닦음이 있다면 '수'라고만 할 것이지 어째서 돈과 수가 함께 할 수 있을까? 그야말로 물의 차고 더움은 그 물을 마셔본 자만이 알듯이 깨달은 사람만이 알 것이다.

사무쳐 깨닫고 보니 시공이 서지 않아 이러-히 닦아도 닦음이 없으니 네 가지 상이 없는 가운데 모든 선법을 닦는 것이요, 단박에 깨달으니 색공(色空)이 설 수 없어 이러-한 경지에서 닦음 없이 닦으니 네 가지 상이 없는 가운데 모든 선법을 닦는 것이다.

이와 같이 깨달아서 깨달은 바 없고, 닦아서는 닦은 바 없이 닦아, 남음이 없는 구경지인 성불에 이르는 과정을 돈오돈수라 한다.

견성하면 마음 이외의 다른 물건이 없는 경지인데 어떻게 닦음이 있을 수 있는가 하고 의심하는 분들이 많다. 그러나 견성했다 해도 헤아릴 수 없는 겁 동안에 길들여온 업으로 인하여 경계를 대하면 깨달아 사무친 바와 늘 일치하지는 못한다.

그래서 견성한 지혜로써 항상 체성을 여의지 않고 억겁에 익혀온 업을 제거하고 지혜 덕상을 원만하게 회복시켜야 구경성불할 수 있다.

이것이 앞에서 밝혔듯 금강경에서 부처님께서 하신 말씀이요, 돈오돈수를 주창한 당사자인 육조 대사님께서 하신 말씀이다.

육조단경 돈황본 이십칠 상대법편과 이십팔 참됨과 거짓을 보면 육조 대사님께서 당신의 설법언하에 대오하고도 슬하에서 3, 40년간 보림한 십대 제자들을 모아놓고 말씀하신다.

"내가 떠난 뒤에 너희들은 각각 일방의 지도자가 될 것이다. 그러므로 내가 너희들에게 설법하는 것을 가르쳐서 근본종지를 잃지 않도록 해주리라. 나오고 들어감에 곧 양변을 여의도록 하라." 하시고 삼과(三科)의 법문과 삼십육대법(三十六對法)을 설하셨다.

뿐만 아니라 2, 3개월 후 다시 십대 제자들을 모아놓고 "8월이 되면 세상을 떠나고자 하니 너희들은 의심이 있거든 빨리 물어라. 내가 떠난 뒤에는 너희들을 가르쳐 줄 사람이 없다." 하시며 진가동정게(眞假動靜偈)를 설하시고 외워 가져 수행하여 종지를 잃지 않도록 하라고 거듭 당부를 하시고 있다.

이것을 보아서도 이 사람이 말한 돈오돈수와 육조 대사께서 말씀하신 돈오돈수가 같다는 것을 알 수 있을 것이다.

다시 한 번 밝히자면 돈오란 자신의 체성을 단박에 깨닫는 것이요, 돈수란 깨달은 체성의 지혜로써 닦음 없이 닦는 것으로 이것이 곧 오후 보림이며, 수행자들이 퇴전하지 않고 구경성불할 수 있는 바른 수행의 길이다.

다음은 전등록 제 9권에서 추출한 것이다.

"돈오(頓悟)한 사람도 닦아야 합니까?"

"만일 참되게 깨달아 근본을 얻으면 그대가 스스로 알게 될 것이니 닦는다, 닦지 않는다 하는 것은 두 가지의 말일 뿐이다. 처음으로 발심한 사람들이 비록 인연에 따라 한 생각에 본래의 이치를 단박에 깨달았으나 아직도 비롯함이 없는 여러 겁의 습기(習氣)는 단박에 없어지지 않으므로, 그것을 깨끗이 하기 위하여 현재의 업과 의식의 흐름을 차츰차츰 없애야 하나니 이것이 닦는 것이다. 그것에 따로이 수행하게 하는 법이 있다고 말하지 마라.

들음으로 진리에 들고, 진리를 듣고 묘함이 깊어지면 마음이 스스로 두렷이 밝아져서 미혹한 경지에 머무르지 않으리라. 비록 백천 가지 묘한 이치로써 당대를 휩쓴다 하여도 이는 자리에 앉아서 옷을 입었다가 다시 벗는 것으로써 살림을 삼는 것이니, 요약해서 말하면 실제 진리의 바탕에는 한 티끌도 받아들이지 않지만 만행을 닦는 부문에서는 한 법도 버리지 않느니라. 만일 깨달았다는 생각마저 단번에 자르면 범부니 성인이니 하는 생각이 다하여, 참되고 항상한 본체가 드러나 진리와 현실이 둘이 아니어서 여여한 부처이니라."

"무엇이 돈오(頓悟)이며, 무엇을 점수(漸修)라 합니까?"

"자기의 성품이 부처와 똑같다는 것은 단박에 깨달았으나 비롯함이 없는 옛적부터의 습관은 단박에 제거할 수 없으므로 차츰 물리쳐서 성품에 따라 작용을 일으켜야 하니, 마치 사람이 밥을 먹을 때에 첫술에 배가 부르지 않는 것과 같다."

간화선인가 묵조선인가

나에게 "당신의 지도는 간화입니까, 묵조입니까?"라고 묻는 이들이 있다. 나의 지도법에는 애당초부터 간화니 묵조니 하는 것이 없다. 가없는 성품 자체로 일상을 지어가라는 말이 바로 그것을 대변해주고 있다. 묵조선과 간화선이 나뉜 것은 육조 대사 이후여서 육조 대사 당시까지만 해도 묵조선이니, 간화선이니 하여 나누지 않았다. 나는 육조 대사 당시의 법을 그대로 펴고 있는 것이다.

묵조선과 간화선은 원래 종파가 아니다. 지도받는 이의 근기에 따라 지도한 방편일 뿐이다. 들뜬 생각과 분별망상에서 이끌어내기 위한 방편으로 지도한 것이 묵조선이다. 그렇게 이끌어서 깨달아 사무치면 깨달아 사무친 경지가 일상이 되게끔 다시 이끌어 주어야 하는 것이다.

달마 대사를 묵조선이라고 하는데 중국에 오기 전 달마 대사가 육파외도(六派外道)를 조복시키는 대목을 보면 달마 대사가 묵조선이 아니라는 것이 역력히 드러난다.

다만 황제가 법문을 할 정도였던 그 시대의 교리 위주의 이론불교를 근본불교에 이르게 하기 위한 방편으로 "밖으로 반연하여 일으키는 모든 생각을 쉬고 안으로 구하는 마음마저 쉬어라."라고 가르친 것이다. 간화선도 마찬가지여서 화두라는 용광로에 일체 분별망상을 녹여 없앰으로써 밖으로 반연하여 일으키는 모든 생각을 쉬고, 안으로 구하는 마음마저 쉬게 하여 깨닫게끔 한 것이다.

즉 화두를 들어도 이런 경지에 이르러야 깨달을 수 있는 것이다. 오롯이 끊어지지 않게 화두를 들어서 오직 이러한 경지에 이르러 있다가 어떤 경계에 문득 부딪힘으로써 깨닫게 된다. 결국에는 화두인 모든 공안도리 역시 사무쳐 깨닫게 하기 위한 방편이다.

그러므로 수기설법(隨機說法)하고 응병여약(應病與藥)해야 한다. 나 역시 제자가 이러한 경지에 사무쳐 깨닫게끔 하지만, 이미 사무친 연후에는 가없는 성품 자체에 머물러 있으려고만 하지 말고, 그 경지에서 응하여 모자람 없도록 지어나가야 한다고 지도한다.

묵조나 일행삼매(一行三昧), 어느 쪽도 모든 이에게 정해 놓고 일정하게 주어서는 바른 지도가 될 수 없는 것이다. 내가 앉아서 선화할 때에는 오직 심외무물의 경지만 오롯하게끔 지으라고 지도하는 것은 어떻게 보면 묵조선이다. 그것이 가장 빨리 업을 녹이는 방법이기 때문에 그렇게 지도하는 것이다.

그러나 활동할 때는 가없는 성품 자체로 일상을 지어 가라고 지도했으니 이것은 곧 일행삼매에 이르도록 지도한 것이다. 안팎 없는 경지를 여의지 않는 것이 삼매이니, 일상생활 속에서 여의지 않는 가운데 보고 듣고, 보고 듣되 여의지 않는 그것이 일행삼매이다.

그렇다면 나는 한 사람에게 묵조선과 일행삼매를 다 가르치고 있는 것이 된다. 묵조선이라고 했지만 앉아서는 생사해탈을 위한 멸진정을 익히도록 하고, 그 외에는 다 일행삼매를 짓도록 지도하고 있는 것이

어서 한편으로 멸진정을 익히는 가운데 조사선을 짓고 있는 것이다.

어떠한 약도 쓰이는 곳에 따라 좋은 약이 되기도 하고 사약이 되기도 한다. 스승이 진정 자유자재해서 제자가 머물러 있는 부분을 틔워주는 지도를 할 때 그것이 약이 되는 것이다.

그러므로 '나는 간화선만을 가르친다.' 그렇게 지도해서는 안 된다. 부처님께서도 수기설법하라 하셨다. 병을 치료해 주는 것이 약이듯 그 기틀에 맞게끔 설해 주는 것이 참 법이다.

무유정법(無有定法)이라 하지 않았는가. 그 사람의 바탕과 익힌 업력과 현재의 경지 등 모든 것을 참작해서 거기에 알맞게 베풀어 주어야 한다.

부처님의 경을 마가 설하면 마설이 되고, 마경을 부처님께서 설하시면 진리의 경전이 된다는 것도 바로 이런 데에서 하신 말씀이다.

어느 한 종에만 편승하면 안 된다. 우리는 이 속에 오종칠가(五宗七家)의 법을 다 수용해야 된다. 어느 한 법도 버릴 수 없다. 모든 근기에 알맞도록 설해 주고 이끌어 줄 수 있어야 하기 때문이다.

그래서 다만 응하여 모자람이 없이 병에 의하여 약을 줄 뿐, 정해진 법이 없어서 어느 한 법도 따로 취함이 없어야 하는 것이다.

육조 대사께 행창이 찾아와 부처님 열반경 중에서 유상(有常)과 무상(無常)을 가지고 물었을 때 행창이 무상이라 하면 육조 대사는 유상이라 하고, 행창이 유상이라 하면 육조 대사는 무상이라 했다. 왜냐하면 원래부터 무상이니 유상이니가 있을 수 없어서, 부처님께서는 다만 유상이라는 집착을 벗어나게 하기 위해 무상을 말씀하시고, 무상이라는 집착을 벗어나게 하기 위해 유상을 말씀하셨을 뿐이거늘, 행창은 열반경의 이 말씀에 묶여 있었기 때문이다.

육조 대사가 이러한 이치에 대해서 설하자 행창이 곧 깨닫고 오도송을 지어 바쳤다.

이렇게 수기설법할 때 불법이다. 수기설법하지 못하면 임제종보다 더한 것이라 해도 불법일 수 없다.

각각 사람의 근기가 다른데 어떻게 천편일률적인 방법으로 똑같이 교화할 수 있겠는가.

희비송(喜悲頌)

이름도 없고 상도 없는 일 없는 사람이
태평의 노래를 흥에 취해 불렀더니
때도 없고 끝도 없는 구제의 일이
대천세계에 충만히 펼쳐졌네

無名無相無事人
太平之歌唱興醉
無時無端救濟事
大千世界布充滿

정신송(正信頌)

이름도 없고 상도 없는 이 바탕인 몸이여
이 바탕을 깨달은 믿음이라야 이 바른 믿음이라
이와 같은 믿음이 없이는 마음이 나라 말라
눈 광명이 땅에 떨어질 때 한이 만단이나 되리라

無名無相是地體
悟地之信是正信
若無是信莫心我
眼光落地恨萬端

진심송(眞心頌)

이름도 없고 상도 없는 이 진공이여
공이라는 공은 공이라 함마저도 없는 이 참 바탕이라
이와 같은 바탕이라야 이 공인 몸이니
이와 같은 몸이 아니면 참다운 마음이 아니니라

無名無相是眞空
空空無空是眞地
如是之地是空體
如是非體非眞心

업신송(業身頌)

업의 몸이란 것은 고통의 근본이요
업의 마음이란 것은 환란의 근본이니라
업의 행이란 것은 다툼의 근본이요
업의 일이란 것은 허망의 근본이니라

業身乃苦痛之本
業心乃患亂之本
業行乃鬪爭之本
業事乃虛妄之本

보림송(保任頌) 1

업의 몸을 다스리는 데는 계행이 최상이요
업의 마음을 다스리는 데는 인내가 최상이니라
계행과 인내로 잘 다스리면 보림이 순조롭고
보림이 잘 이루어지면 구경에 이르느니라

治業身之戒最上
治業心之忍最上
善治戒忍順保任
善成保任至究竟

보림송(保任頌) 2

육신의 욕망은 하나까지라도 모두 버려야 하고
육신을 향한 생각은 남음이 없이 버려야 하느니라
이와 같이 보림하면 업이 중한 사람일지라도
당생에 반드시 구경지를 성취하리라

肉身欲望捨都一
肉身向思捨無餘
如是保任重業人
當生必成究竟地

공성본질송(空性本質頌) 1

무극인 빈 성품의 본래 몸은
언어나 마음과 행위로 표현 못 하나
모든 부처님과 만물이 이로 좇아 생겼으며
궁극에 일체가 돌아가 의지할 곳이니라

無極空性之本體
言語道斷滅心行
諸佛萬物從此生
窮極一切歸依處

공성본질송(空性本質頌) 2

혼연한 빈 바탕을 이름해서 무아라 하고
무아의 다른 이름이 이 무극이니라
유정 무정이 이로 좇아 생겼으며
궁극에 일체가 돌아가 의지할 곳이니라

渾然空地名無我
無我異名是無極
有情無情從此生
窮極一切歸依處

공성본질송(空性本質頌) 3

이러-히 밝게 사무친 것을 이름해서 견성이라 하고
이 바탕에 밝게 사무쳐야 바르게 깨달은 사람이니
도를 닦는 사람은 반드시 명심해서
각자 관조하여 그릇 깨달음이 없어야 하느니라

如是明徹名見性
是地明徹正悟人
修道之人必銘心
各者觀照無非悟

명정오송(明正悟頌)

밝지도 어둡지도 않은 곳을 향해서
그윽한 본래의 바탕에 합하여야
이것을 진실한 깨달음이라 하는 것이니
그렇지 않다면 바른 깨달음이 아니니라

向不明暗處
冥合本來地
此是眞實悟
不然非正悟

무아송(無我頌)

중생들이 말하는 무아라는 것은
변하고 달라지는 나를 말하는 것이요
깨달은 사람의 무아는
변하지 않는 나를 말하는 것이다

衆生之無我
變異之言我
悟人之無我
不變之言我

태시송(太始頌)

탐착한 묘한 광명에 합한 것이 상을 이루었고
상에 집착하여 사는데서 익힌 것이 모든 업을 이루었다
업을 인해서 만반상이 생겨 나왔으며
만상으로 해서 만반법이 생겨 나왔다

貪着妙光合成相
執相生習成諸業
因業生出萬般象
萬象生出萬般法

21세기에 인류가 해야 할 일

이 사람은 1962년 26세 때부터 21세기에 인류에게 닥칠 공해문제, 에너지문제를 예견하고 대체에너지(무한원동기, 태양력, 파력, 풍력 등) 개발과 '울 안의 농법'을 연구하고 그 필요성을 많은 이들에게 이야기해 왔습니다.

당시에는 너무 시대를 앞서가는 이야기여서인지 일반인들이 수용하지 못하고 오히려 불신의 눈으로 바라보며 이 사람의 법마저 의심하였습니다. 하지만 현대에 있어서는 이것이 인류가 해결해야 할 가장 절박한 사안이 되어 있습니다.

'사막화방지 국제연대'를 설립한 것도 현재 인류가 해결해야 할 가장 절박한 지구환경문제를 이슈화시키고 그 해결책을 제시하여 재앙에 직면한 지구촌을 살리기 위해서입니다.

'사막화방지 국제연대'에서 추진하고 있는 사막화 방지, 지구 초원

화, 대체에너지 개발은 온 인류가 발 벗고 나서서 해야 할 일입니다.

첫 번째 사막화 방지에 있어서 기존에 해왔던 '나무심기 사업'은 천문학적인 예산과 많은 인력을 동원하고도 극도로 황폐한 사막화된 환경을 되살리는 데 실패하였습니다.

그래서 이 사람은 사막화 방지에 있어서는 '사막 해수로 사업'을 새로운 방안으로 제시하였습니다.

사막 해수로 사업은 사막화된 지역에 수도관을 매설하여 바닷물을 끌어들여서 염분에 강한 식물을 중심으로 자연생태계를 복원하는 사업입니다.

이것은 나무심기 사업으로 심은 나무들이 절대적으로 물이 부족하여 생존할 수 없었던 문제를 해결할 수 있는, 현재로서는 유일한 해결책입니다.

그러나 '사막화방지 국제연대'의 목적은 사막이 확장되는 것을 방지하자는 것이지 사막 전체를 완전히 없애자는 것은 아닙니다. 인체에서 심장이 모든 피를 전신의 구석구석까지 골고루 보내어 살아서 활동하게 하듯이 사막은 오히려 지구의 심장 역할을 하는 중요한 곳이기 때문입니다.

그래서 21세기에 있어서는 다만 사막의 확장을 방지할 뿐 아니라 사막을 어떻게 운용하느냐를 연구해야 합니다.

사막에 바둑판처럼 사방이 막힌 플륨관 수로를 설치하여 동, 서, 남, 북 어느 방향의 수로를 얼마만큼 채우느냐 비우느냐에 따라, 사막으로부터 사방 어느 방향으로든 거리까지 조절하여, 원하는 지역에 비를 내리게 하고 그치게 할 수 있습니다. 철저히 과학적인 데이터에 의해 이렇게 사막을 운용함으로써 21세기의 지구를 풍요로운 낙원시대로 만들어가야 합니다.

두 번째로 지구를 초원화할 수 있는 방안으로 3년간의 실험을 통해, 광활한 황무지 지역을 큰 비용을 들이거나 많은 인력을 동원하지 않고도 짧은 시간 내에 초지로 바꿀 수 있는 식물을 찾아냈습니다.

그것은 바로 '돌나물'입니다. 돌나물은 따로 종자를 심을 필요가 없이 헬리콥터나 비행기로 살포해도 생존, 번식할 수 있으며, 추위와 더위, 황폐한 땅에서도 살아남을 수 있는 생명력과 번식력이 강한 식물입니다.

지구환경을 되살리는 초지조성 사업에 있어서 이것이 큰 도움이 되리라 생각합니다.

세 번째의 대체에너지 개발에 있어서는 태양력, 파력, 풍력 등 1962년도부터 이 사람이 연구하고 얘기해왔던 방법들이 이미 많이 개발되어 실용화한 단계에 있습니다.

이 세 가지 일은 한 개인이나 한 국가가 할 수 있는 일이 아닙니다. 모든 국가가 앞장서서 전세계적인 사업으로 이루어져야 합니다. 모든 국가가 함께 하는 기금조성이 이루어져야 하고 기금조성에 참여한 국가는 이 시스템에 의한 전면적인 혜택을 입을 수 있도록 해야 합니다.

인류 모두가 지혜를 모아 이 일에 전력을 다한다면 인류는 유사 이래 가장 좋은 시절을 맞이하게 될 것이며, 만약 이 일을 남의 일인 양 외면한다면 극한의 재앙을 면할 수 없을 것입니다.

이 사람이 오래 전부터 얘기해왔던 '울 안의 농법'은 이미 미국 라스베이거스(Las Vegas)에서 30층짜리 '고층 빌딩 농장'으로 구현되었습니다. 그렇게 크게도 운영될 수 있지만 각자 자신의 집에서 이루어지는 '울 안의 농법'도 필요합니다.

21세기에 있어서 또 하나 인류가 만일의 사태를 대비해서 연구, 추진해야 될 일이 있다면 바닷속에서의 수중생활, 수중경작입니다.

지구 온난화가 심화될 경우, 공기가 너무 많이 오염될 경우, 바닷물이 높아져 살 땅이 좁아질 경우 등에 대비할 때, 인류는 우주에서의 삶보다는 바닷속에서의 삶을 준비해야 합니다. 왜냐하면 그것이 훨씬 수월하고 비용도 절감할 수 있기 때문입니다.

이렇게 깨달은 이는 이변적으로는 깨달음을 얻게 하여 영생불멸의 삶을 영위할 수 있도록 만인을 이끌어야 하며 사변적으로는 일반인이 예측할 수 없는 백 년, 천 년 앞을 내다보아 이를 미리 앞서 대비하도록 만인의 삶을 이끌어줘야 한다고 생각합니다.

불법의 뜻은 다만 진리 전수에만 있는 것이 아니니, 만인이 서로 함께 영원한 극락을 누릴 때까지 물심양면으로, 이사일여로 베풀어 교화해야 하기 때문입니다.

가슴으로 부르는 불심의 노래

여기에 실린 가사는 모두 농선 대원 선사님께서 직접 작사하신 것이다. 수행의 길로 들어서게끔 신심, 발심을 북돋아주는 가사로부터 수행의 길로 접어든 이의 구도의 몸부림이 담겨있는 가사, 대승의 원력을 발해서 교화하는 보살의 자비심과 함께 낙원세계를 누리는 풍류를 그려놓은 가사까지 한마디, 한마디가 생생하여 그 뜻이 뼛속 깊이 새겨지고 그 멋에 흠뻑 취하게 된다. 농선 대원 선사님께서는 거칠고 말초적인 요즘의 노래를 듣고 이러한 정서를 순화시키고자, 또한 수행의 마음을 진작시키고자 하는 뜻에서 이 가사들을 쓰셨다.

그래야지

1.
마음으로 물질로써
갖가지로 베푸는 것
생활화한 국민되어
이뤄내는 국가되세
그래야지 그래야지
얼씨구나 좀 더 좋다

그런 이웃 그런 나라
이뤄내서 사노라면
모든 나라 따르리니
그리되면 지상낙원
그래야지 그래야지
얼씨구나 좀 더 좋다

별중의 별 될 것이니
선조의 뜻 이룸이라
후손으로 할 일 해낸
자부심이 치솟누나
그래야지 그래야지
얼씨구나 좀 더 좋다

얼씨구야 절씨구야
좀 더 좋고 좀 더 좋다
얼씨구야 절씨구야
좀 더 좋고 좀 더 좋다

아리랑 아리랑 아라리요
아리랑 고개를 넘어간다

2.
그래야지 그래야지
혼자 삶이 아닌 세상
웬만하면 넘어가는
아량으로 살아가세
그래야지 그래야지
얼씨구나 좀 더 좋다

부딪히면 틀어져서
소통의 길 막히나니
그러므로 눈 감아줘
참는 것이 상책일세
그래야지 그래야지
얼씨구나 좀 더 좋다

걸린 생각 비워내서
한결같이 사노라면
복이되어 돌아옴을
실감할 날 있을 걸세
그래야지 그래야지
좀 더 좋고 좀 더 좋다

얼씨구야 절씨구야
좀 더 좋고 좀 더 좋다
얼씨구야 절씨구야
좀 더 좋고 좀 더 좋다

아리랑 아리랑 아라리요
아리랑 고개를 넘어간다

마음

1.
시작도 없는 마음
끝남도 없는 마음

온통으로 드러나
언제나 같이 있어

어떤 것도 가릴 수
전혀 없는 그 마음

고고하고 당당한
영원한 마음일세

아리랑 아리랑 아라리요
아리랑 고개를 넘어간다
청천 하늘에 잔별도 많고
요내 가슴에는 희망도 많다

2.
모두를 마음으로
시도를 뭐든 해봐

안되는 일 없어서
사는 데 불편없고

하고프면 하면 돼
뜻 펼치는 삶이니

즐겁고도 즐거운
누리는 삶이로세

아리랑 아리랑 아라리요
아리랑 고개를 넘어간다
청천 하늘에 잔별도 많고
요내 가슴에는 희망도 많다

사는게 아리랑 고개

1.
이 마음이 내가 되니
나고 죽음 본래 없고
이리 보고 저리 봐도
허공까지 내 몸일세
신기하고 신기하다
신기하고 신기해

이 마음이 내가 되니
안 되는 일 전혀 없어
잡된 생각 사라지고
두려움도 없어졌네
신기하고 신기하다
신기하고 신기해

이 마음이 내가 되니
끝이 없이 자유롭고
잠 못 이룬 괴로움과
공황장애 흔적 없네
신기하고 신기하다
신기하고 신기해

아리랑 아리랑
아라리요
아리랑 고개를 넘어왔다

2.
이 마음이 내가 되니
맘 먹은 일 순조롭고
살아가는 나날들이
마음광명 누림일세
신기하고 신기하다
신기하고 신기해

이 마음이 내가 되니
마음광명 누림이라
나날들이 평화롭고
자신감이 넘쳐나네
신기하고 신기하다
신기하고 신기해

이 마음이 내가 되니
대인관계 순조로와
일일마다 즐거웁고
웃음꽃이 피어나네
신기하고 신기하다
신기하고 신기해

아리랑 아리랑
아라리요
아리랑 고개를 넘어왔다

불보살의 마음

1.
자비, 그 자비는 눈물이었네
불나방이 불을 좇듯 가는 이
그래도 못 잊어서 버리지 못해
저리는 저리는 가슴, 그 가슴 안고서
눈물, 피눈물로 저리 부르네

2.
자비, 그 자비는 눈물이었네
제 살 길을 저버리는 이들을
그래도 못 잊어서 버리지 못해
저리는 저리는 가슴, 그 가슴 안고서
눈물, 피눈물로 저리 부르네

나의 노래

1.
노세 노세 봄놀이하세
대천세계 이 봄 경치
한산 습득 친구 삼아
호연지기 즐겨볼까
얼씨구나 절씨구
아니나 즐기고 무엇하리

2.
노세 노세 봄놀이하세
걸음 좇아 이른 곳곳
문수 보현 벗을 삼아
화엄광장 춤춰볼까
얼씨구나 절씨구
아니나 즐기고 무엇하리

평화로운 삶

1.
이 몸을 나로 아는
하나의 실수로서
우주가 생긴 이래

얼마나 많은 고통
겪어들 왔었던가
치떨린 일이로세

뭘 해야 그 반복을
금생에 끊어버려
그 고통 벗어날까

생각코 생각하니
그 해결 내게 있네
마음이 나 된걸세

아리랑 아리랑 아라리요
아리랑 고개를 넘어간다
청천 하늘엔 잔별도 많고
이내 가슴엔 희망도 많다

2.
마음이 내가 되면
그 어떤 것이라도
더 이상 필요찮고

마음이 내가 되면
미묘한 갖은 공덕
스스로 갖춰 있고

마음이 내가 되면
그 모든 근심 걱정
씻은 듯 사라지고

마음이 내가 되면
이 생과 저 세상이
당초에 없는 걸세

아리랑 아리랑 아라리요
아리랑 고개를 넘어간다
청천 하늘엔 잔별도 많고
이내 가슴엔 희망도 많다

3.
마음이 내가 되면
어제와 내일 일을
눈 앞 일 알 듯하고

마음이 내가 되면
신분이 관계 없이
서로가 평등하며

마음이 내가 되면
모든 일 뜻을 따라
원만히 이뤄지고

마음이 내가 되면
걸림이 없는 그 삶
저절로 이뤄지네

아리랑 아리랑 아라리요
아리랑 고개를 넘어간다
청천 하늘엔 잔별도 많고
이내 가슴엔 희망도 많다

그리운 님

환갑 진갑 다 지난 삶 살다보니
석양 노을 바라보다 텅 빈 가슴
외로움에 철이 드나 생각나는
님이시여 이 몸마저 자유롭지
못한 괴롬 닥쳐서야 님의 말씀
들려오는 철없던 삶 후회하며
외쳐 찾는 님이시여 지는 해를
붙들고서 맘이 나된 삶으로써
나고 죽는 모든 고통 없는 삶을
누리라는 그 말씀이 빛이 되어
외쳐지는 님이시여 이제라도
실천 실행 하오리다 이끌어만
주옵소서 님이시여 내 님이여

잘 사는 게 불법일세

1.
잘 사는 게 불법일세
우리 모두 관음보살 지장보살 생활 속에 모시면서
마음 비운 나날들로 바른 삶을 하노라면
불보살님 가피 속에 뜻 이뤄서 꽃을 피운
그런 날이 있을 걸세

2.
잘 사는 게 불법일세
우리 모두 관음보살 지장보살 생활 속에 모시면서
마음 비워 살아가며 시시때때 잊지 않고
참나 찾아 참구하는 그 정성도 함께하면
좋은 소식 있을 걸세

3.
잘 사는 게 불법일세
우리 모두 관음보살 지장보살 생활 속에 모시면서
틈틈으로 회광반조 사색으로 참나 깨쳐
화장세계 장엄하고 얼쉬얼쉬 어울리며
영원토록 웃고 사세

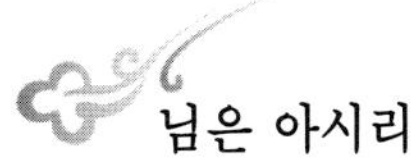

님은 아시리

1 부

1.
사계절의 풍광인들 위로되겠니
서사시의 음률인들 쉬어지겠니
뜻과 같이 되지 않아 기도에 젖은
이 마음 님은 아시리
한 세상 열정 쏟아 닦는 수행길
불보살님 출현하셔 베푼 자비에
모든 망상 모든 번뇌 없었으면 좋으련만
마음대로 안 되는 게 수행이더라, 수행이더라

2.
사계절의 풍광인들 위로되겠니
서사시의 음률인들 쉬어지겠니
뜻과 같이 되지 않아 기도에 젖은
이 마음 님은 아시리
청춘의 모든 욕망 사뤄버리고
회광반조 촌각 아낀 열정 쏟아서
이룬 선정 그 효력이 있었으면 좋으련만
마음대로 안 되는 게 보림이더라, 보림이더라

3.
사계절의 풍광인들 위로되겠니
서사시의 음률인들 쉬어지겠니
뜻과 같이 되지 않아 기도에 젖은
이 마음 님은 아시리
억겁의 모든 습성 꺾어보려고
갖은 노력 갖은 인내 온통 쏟아서
세월 잊은 보림 성취 있었으면 좋으련만
마음대로 안 되는 게 성불이더라, 성불이더라

2 부

1.
사계절의 풍광인들 비유되겠니
가릉빈가 음률인들 비교되겠니
뜻과 같이 자유자재 베풀어놓고
한없이 즐기시련만
그러한 대자유의 삶을 접고서
중생들을 구제하려 삼도에 출현
갖은 역경 어려움을 감내하는 자비로써
깨워주는 그 진리에 눈을 뜨거라, 눈을 뜨거라

2.
사계절의 풍광인들 비유되겠니
가릉빈가 음률인들 비교되겠니
뜻과 같이 자유자재 베풀어놓고
한없이 즐기시련만
억겁을 다하여도 끝이 없을 걸
알면서도 해내겠다 나선 님의 길
가시밭길 험난해도 일관하신 그 자비에
구류중생 깨달아서 정토 이루리, 정토 이루리

3.
사계절의 풍광인들 비유되겠니
가릉빈가 음률인들 비교되겠니
뜻과 같이 자유자재 베풀어놓고
한없이 즐기시련만
낙원의 모든 즐김 떨쳐버리고
삼악도를 낙원으로 이뤄놓겠다
촌각 아낀 그 열정에 모두 모두 감화되어
이 땅 위에 님의 소원 이뤄지리라, 이뤄지리라

선 승

토함산 소나무 위에
달빛도 조는데
단잠을 잊은 채
장승처럼 앉아있는
깊은 밤 선승의
그윽한 눈빛
고요마저 서지
못한 선정이라
대천도 흔적 없고
허공계도 머물 수 없는
수정 같은 광명이여,
화엄의 세계로세

우리 모두

우리 모두 만난 인생 즐겁게 살자
부딪치는 세상만사 웃으며 하자
인연으로 어우러진 세상사이니
풀어가는 삶이어야 하지 않겠니

몸종 노릇 하는 사이 맘 챙겨 살자
맑고 맑은 가을 허공 그렇게 비워
명상으로 정신세계 사무쳐보자
언젠가는 깨쳐 웃는 그날이 오리

한산 습득 껄껄 웃는 그러한 웃음
웃어가며 모든 일을 대하는 날로
활짝 펼쳐 어우러진 그러한 삶을
우리 모두 발원하며 즐겁게 살자

도서출판 문젠(Moonzen Press)의 책들

출간 도서

바로보인 전등록 전 5권
바로보인 무문관
바로보인 벽암록
바로보인 천부경 · 교화경 · 치화경
바로보인 금강경
세월을 북채로 세상을 북삼아
영원한 현실
바로보인 신심명
바로보인 환단고기 전 5권
바로보인 선문염송 전 30권
앞뜰에 국화꽃 곱고 북산에 첫눈 희다
바로보인 증도가
바로보인 반야심경
선을 묻는 그대에게 1 · 2
바로보인 선가귀감
바로보인 법융선사 심명
주머니 속의 심경
바로보인 법성게
달다 -전강 대선사 법어집
기우목동가
초발심자경문
방거사어록
실증설
하택신회대사 현종기
불조정맥 - 한 · 영 · 중 3개국어판
바른 불자가 됩시다
누구나 궁금한 33가지
108진참회문 - 한 · 영 · 중 3개국어판
달마의 일할도 허락지 않는다
마음대로 앉아 죽고 서서 죽고
화두 3개국어판 - 한 · 영 · 중
바로보인 간당론
완전한 우리말 불공예식법
바로보인 유마경
실증설 5개국어판 - 한 · 영 · 불 · 서 · 중
누구나 궁금한 33가지 3개국어판
- 한 · 영 · 중
달마의 일할도 허락지 않는다
3개국어판 - 한 · 영 · 중
법성게 3개국어판 - 한 · 영 · 중
정법의 원류
바로보인 도가귀감
바로보인 유가귀감
화엄경 81권
바로보인 전등록 전 30권

출간예정 도서

바로보인 능엄경 제6권
바로보인 원각경
바로보인 육조단경
바로보인 대전화상주 심경
바로보인 위앙록
해동전등록 전 10권
말 밖의 말
언어의 향기
농선 대원 선사 선송집
진리와 과학의 만남
바로보인 5대 종교
금강경 야부송과 대원선사 토끼뿔
선재동자 참알 오십삼선지식
경봉선사 혜암선사 법을 들어 설하다
십현담 주해
불교대전
태고보우선사 어록

1. 바로보인 전등록 (전30권을 5권으로)

7불과 역대 조사의 말씀이 1,700공안으로 집대성되어 있는 선종 최고의 고전으로, 깨달음의 정수가 살아 숨쉬도록 새롭게 번역되었다.
464, 464, 472, 448, 432쪽.
각권 18,000원

2. 바로보인 무문관

황룡 무문 혜개 선사가 저술한 공안집으로 전등록, 선문염송, 벽암록 등과 함께 손꼽히는 선문의 명저이다. 본칙 48개와 무문 선사의 평창과 송, 여기에 역저자인 대원선사의 도움말과 시송으로 생명과 같은 선문의 진수를 맛보여 주고 있다.
272쪽. 12,000원

3. 바로보인 벽암록

설두 선사의 설두송고를 원오 극근 선사가 수행자에게 제창한 것이 벽암록이다.
이 책은 본칙과 설두 선사의 송, 대원선사의 도움말과 시송으로 이루어져, 벽암록을 오늘에 맞게 바로 보이고 있다.
456쪽. 15,000원

4. 바로보인 천부경

우리 민족 최고(最古)의 경전 천부경을 깨달음의 책으로 새롭게 바로 보였다. 이 책에는 81권의 화엄경을 81자에 함축한 듯한 천부경과, 교화경, 치화경의 내용이 함께 담겨 있으며, 역저자인 대원선사가 도움말, 토끼뿔, 거북털 등으로 손쉽게 닦아 증득하는 문을 열어 놓고 있다.
432쪽. 15,000원

5. 바로보인 금강경

대원선사의 『바로보인 금강경』은 국내 최초로 독창적인 과목을 내어 부처님과 수보리 존자의 대화 이면의 숨은 뜻을 드러내고, 자문과 시송으로 본문의 핵심을 꿰뚫어 밝혀, 금강경 전체를 손바닥 안의 겨자씨를 보듯 설파하고 있다.
488쪽. 15,000원

6. 세월을 북채로 세상을 북삼아

대원선사의 선시가 담긴 선시화집 『세월을 북채로 세상을 북삼아』는 선과 시와 그림이 정상에서 만나 어우러진 한바탕이다.
선의 세계를 누리는 불가사의한 일상의 노래, 법열의 환희로 취한 어깨춤과 같은 선시가 생생하고 눈부시게 내면의 소리로 흐른다.
180쪽. 15,000원

7. 영원한 현실

애매모호한 구석이 없이 밝고 명쾌하여, 너무도 분명함에 오히려 그 깊이를 헤아리기 어려운, 대원선사의 주옥같은 법문을 모아 놓은 법문집이다.
400쪽. 15,000원

8. 바로보인 신심명

신심명은 양끝을 들어 양끝을 쓸어버리는, 40대치법으로 이루어진, 3조 승찬 대사의 게송이다. 이를 대원선사가 바로 번역하는 것은 물론, 주해, 게송, 법문을 더해 통쾌하게 회통하고 자유자재 농한 것이 이 『바로보인 신심명』이다.
296쪽. 10,000원

9. 바로보인 환단고기 (전5권)

『바로보인 환단고기』 1권은 민족정신의 정수인 환단고기의 진리를 총정리하여 출간하였다. 2권에는 역사총론과 태초에서 배달국까지 역사가 실려 있으며, 3권은 단군조선, 4권은 북부여에서부터 고려까지의 역사가 실려 있다. 5권에는 역사를 증명하는 부록과 함께 환단고기 원문을 실었다. 344 · 368 · 264 · 352 · 344쪽. 각권 12,000원

10. 바로보인 선문염송 (전30권)

선문염송은 세계최대의 공안집이다. 전 공안을 망라하다시피 했기에 불조의 법 쓰는 바를 손바닥 들여다보듯 하지 않고는 제대로 번역할 수 없다. 대원선사는 전 공안을 바로 참구할 수 있게끔 번역하고 각 칙마다 일러보였다. 352 368 344 352 360 360 400 440 376 392 384 428 410 380 368 434 400 404 406 440 424 460 472 456 504 528 488 488 480 512쪽. 각권 15,000원

11. 앞뜰에 국화꽃 곱고 북산에 첫눈 희다

대원선사의 선문답집으로 전강 · 경봉 · 숭산 · 묵산 선사와의 명쾌한 문답을 실었으며, 중앙일보의 〈한국불교의 큰스님 선문답〉 열 분의 기사와 기자의 질문에 대한 대원선사의 별답을 함께 실었다.
200쪽. 5,000원

12. 바로보인 증도가

선종사에 사라지지 않을 발자취로 남은 영가 선사의 증도가를 대원선사가 번역하고 법문과 송을 더하였다.
자비의 방편인 증도가의 말씀을 하나하나 쳐가는 선사의 일갈이야말로 영가 선사의 본 의중과 일치하여 부합하는 것이라 아니할 수 없다.
376쪽. 10,000원

13. 바로보인 반야심경

이 시대의 야부(冶父)선사, 대원선사가 최초로 반야심경에 과목을 붙여 반야심경 내면에 흐르는 뜻을 밀밀하게 밝혀놓고 거침없는 송으로 들어보였다.
264쪽. 10,000원

14. 선(禪)을 묻는 그대에게 (전10권 중 2권)

대원선사의 선수행에 대한 문답집.

깨달아 사무친 경지에 대한 밀밀한 점검과, 오후보림에 대한 구체적인 수행법 제시와, 최초의 무명과 우주생성의 원리까지 낱낱이 설한 법문이 담겨 있다.
280쪽, 272쪽. 각권 15,000원

15. 바로보인 선가귀감

선가귀감은 깨닫고 닦아가는 비법이 고스란히 전수되어 있는 선가의 거울이라 할 만하다. 더욱이 바로보인 선가귀감은 매 소절마다 대원선사의 시송이 화살을 과녁에 적중시키듯 역대 조사와 서산대사의 의중을 꿰뚫어 보석처럼 빛나고 있다.
352쪽. 15,000원

16. 바로보인 법융선사 심명

심명 99절의 한 소절, 한 소절이 이름 그대로 마음에 새겨두어야 할 자비광명들이다.
이 심명은 언어와 문자이면서 언어와 문자를 초월한 일상을 영위하게 하는 주옥같은 법문이다.
278쪽. 12,000원

17. 주머니 속의 심경

반야심경은 부처님이 설하신 경 중에서도 절제된 경으로 으뜸가는 경이다. 대원선사의 선송(禪頌)도 그 뜻을 따라 간략하나 선의 풍미를 한껏 담고 있다. 하루에 한 소절씩을 읽고 참구한다면 선 수행의 지름길이 될 것이다.

84쪽. 5,000원

18. 바로보인 법성게

법성게는 한마디로 화엄경의 핵심부를 온통 훤출히 드러내놓은 게송이다. 짧은 글 속에 일체의 법을 이렇게 통렬하게 담아놓은 법문도 드물 것이다.
이렇게 함축된 법성게 법문을 대원선사가 속속들이 밀밀하게 설해놓았다.
176쪽. 10,000원

19. 달다 - 전강 대선사 법어집

이제는 전설이 된 한국 근대선의 거목인 전강 선사님의 최상승법과 예리한 지혜, 선기로 넘쳤던 삶이 생생하게 담겨 있는 전강 대선사 법어집 〈달다〉!
전강 대선사님의 인가 제자인 대원선사가 전강 대선사님의 법거량과 법문, 일화를 재조명하여 보였다.
368쪽. 15,000원

20. 기우목동가

그 뜻이 심오하여 번역하기 어려웠던 말계 지은 선사의 기우목동가!
대원선사가 바른 뜻이 드러나도록 번역하고, 간결한 결문과 주옥같은 선송으로 다시 보였다.
146쪽. 10,000원

21. 초발심자경문

이 초발심자경문은 한문을 새기는 힘인 문리를 터득하게 하기 위하여 일부러 의역하지 않고 직역하였다.
대원선사의 살아있는 수행지침도 실려 있다.
266쪽. 10,000원

22. 방거사어록

방거사어록은 선의 일상, 선의 누림을 보여주는 대표적인 선문이다. 역저자인 대원선사는 방거사어록의 문답을 '본연의 바탕에서 꽃피우는 일상의 함'이라 말하고 있다. 법의 흔적마저 없는 문답의 경지를 온전하게 드러내 놓은 번역과, 방거사와 호흡을 함께 하는 듯한 '토끼뿔'이 실려 있다.
306쪽. 15,000원

23. 실증설

이 책은 대원선사가 2010년 2월 14일 구정을 맞이하여 불자들에게 불법의 참뜻을 보이기 위해 홀연히 펜을 들어 일시에 써내려간 법문을 모태로 하였다. 실증한 이가 아니고는 설파할 수 없는 성품의 이치를 자문자답과 사제간의 문답을 통해 1, 2, 3부로 나눠 실증하여 보이고 있다.
224쪽. 10,000원

24. 하택신회대사 현종기

육조대사의 법이 중국천하에 우뚝하도록 한 장본인, 하택신회대사의 현종기. 세간에 지해종도(知解宗徒)로 알려져 있는 편견을 불식시키는 뛰어난 깨달음의 경지가 여기에 담겨있다. 대원선사가 하택신회대사의 실경지를 드러내고 바로보임으로써 빛냈다.
232쪽. 10,000원

25. 불조정맥 – 韓 · 英 · 中 3개국어판

석가모니불로부터 현 78대에 이르기까지 불조정맥진영(佛祖正脈眞影)과 정맥전법게(正脈傳法偈)를 온전하게 갖춘 최초의 불조정맥서. 대원선사가 다년간 수집, 정리하여 기도와 관조 끝에 완성한 『불조정맥』을 3개국어로 완역하였다.
216쪽. 20,000원

26. 바른 불자가 됩시다

참된 발심을 하여 바른 신앙, 바른 수행을 하고자 해도, 그 기준을 알지 못해 방황하는 불자님들을 위해 불법의 바른 길잡이 역할을 하도록 대원선사가 집필하여 출간하였다.
162쪽. 10,000원

27. 누구나 궁금한 33가지

21세기의 인류를 위해 모든 이들이 가장 어렵고 궁금해 하는 문제, 삶과 죽음, 종교와 진리에 대한 바른 지표를 제시하고자 대원선사가 집필하여 출간하였다.
180쪽. 10,000원

28. 108진참회문 – 韓 · 英 · 中 3개국어판

전생의 모든 악연들이 사라져 장애가 없어지고, 소망하는 삶을 살게 하기 위해 대원선사가 10계를 위주로 구성한 108 항목의 참회문이다. 한 대목마다 1배를 하여 108배를 실천할 것을 권한다.
170쪽. 15,000원

29. 달마의 일할도 허락지 않는다

대원선사의 짧고 명쾌한 법문집.
책을 잡는 순간 달마의 일할도 허락지 않는 선기와 맞닥뜨리게 될 것이다. 때로는 하늘을 찌를 듯한 기세와, 때로는 흔적 없는 공기와도 같은 향기를 일별하기를…
190쪽. 10,000원

30. 마음대로 앉아 죽고 서서 죽고

생사를 자재한 분들의 앉아서 열반하고 서서 열반한 내력은 물론 그분들의 생애와 법까지 일목요연하게 수록해놓았다.
446쪽. 15,000원

31. 화두 3개국어판 - 韓 · 英 · 中

『화두』는 대원선사의 평생 선문답의 결정판이다. 생생하게 살아있는 선(禪)을 한 · 영 · 중 3개국어로 만날 수 있다. 특히 대원선사의 짧은 일대기가 실려 있어 그 선풍을 음미하는 데에 큰 도움을 주고 있다.
440쪽. 15,000원

32. 바로보인 간당론

법문하는 이가 법리를 모르고 주장자를 치는 것을 눈먼 주장자라 한다. 법좌에 올라 주장자 쓰는 이들을 위해서 대원선사가 간당론에서 선리(禪理)만을 취하여 『바로보인 간당론』을 출간하였다.
218쪽. 20,000원

33. 완전한 우리말 불공예식법

부처님께 공양을 올리고 불보살님의 가피를 구하는 예법 등을 총칭하여 불공예식법이라 한다. 대원선사가 이러한 불공예식의 본뜻을 살려서 완전한 우리말본 불공예식법을 출간하였다.
456쪽. 38,000원

34. 바로보인 유마경

유마경은 불법의 최정점을 찍는 경전이라 할 것이니, 불보살님이 교화하는 경지에서의 깨달음의 실경과 신통자재한 방편행을 보여주는 최상승 경전이다. 대원선사가 〈대원선사 토끼뿔〉로 이 유마경에 걸맞는 최상승법을 이 시대에 다시금 드날렸다.
568쪽. 20,000원

35. 실증설
5개국어판 – 韓 · 英 · 佛 · 西 · 中

대원선사가 불법의 참뜻을 보이기 위해 홀연히 펜을 들어 일시에 써내려간 실증설! 실증한 이가 아니고는 설파할 수 없는 도리로 가득한 이 책이 드디어 영어, 불어, 스페인어, 중국어를 더하여 5개국어로 편찬되었다.
860쪽. 25,000원

36. 누구나 궁금한 33가지
3개국어판 – 韓 · 英 · 中

누구라도 풀어야 할 숙제인 33가지의 의문에 대한 답을 21세기의 현대인에게 맞는 비유와 언어로 되살린 『누구나 궁금한 33가지』가 한글, 영어, 중국어 3개국어로 출간되었다.
408쪽. 15,000원

37. 달마의 일할도 허락지 않는다 3개국어판 - 韓 · 英 · 中

대원선사의 짧고 명쾌한 법문집인 『달마의 일할도 허락지 않는다』가 한글, 영어, 중국어 3개국어로 출간되었다. 전세계에서 유일하게 활선의 가풍이 이어지고 있는 한국, 그 가운데에서도 불조의 정맥을 이은 대원선사가 살활자재한 법문을 세계로 전하고 있는 책이다.
308쪽. 15,000원

38. 화엄경 (전81권)

대원선사는 선문염송 30권, 전등록 30권을 모두 역해하여 세계 최초로 1,463칙 전 공안에 착어하였다. 이러한 안목으로 대천세계를 손바닥의 겨자씨 들여다보듯 하신 불보살님들의 지혜와 신통으로 누리는 불가사의한 화엄세계를 열어 보였다.
220쪽. 각권 15,000원

39. 법성게 3개국어판 - 韓 · 英 · 中

법성게는 한마디로 화엄경의 핵심부를 훤출히 드러내놓은 게송으로 짧은 글 속에 일체 법을 고스란히 담아놓았다. 대원선사의 통쾌한 법성게 법문이 한영중 3개국어로 출간되었다.
376쪽. 15,000원

40. 정법의 원류

『정법의 원류』는 불조정맥을 이은 정맥선원의 소개서이다. 정맥선원은 불조정맥 제77조 조계종 전강 대선사의 인가 제자인 대원 전법선사가 주재하는 도량이다. 『정법의 원류』를 통해 정맥선원 대원선사의 정맥을 이은 법과 지도방편을 만날 수 있다.
444쪽. 20,000원

41. 바로보인 도가귀감

도가귀감은, 온통인 마음[一物]을 밝혀 회복함으로써, 생사를 비롯한 모든 아픔과 고를 여의어, 뜻과 같이 누려서 살게 하고자 한 도교의 뜻을, 서산대사가 밝혀놓은 책이다. 대원선사가 부록으로 도덕경의 중대한 대목을 더하고, 그 대목대목마다 결문(決文)하였다.
218쪽. 12,000원

42. 바로보인 유가귀감

유가귀감은 서산대사가 간추려놓은 구절로서, 간결하지만 심오하기 그지없으니, 간략한 구절 속에서 유교 사상을 미루어볼 수 있게 하였다. 대원선사가 그 뜻이 잘 드러나게 번역하고 그 대목대목마다 결문(決文)하였다.
236쪽. 15,000원

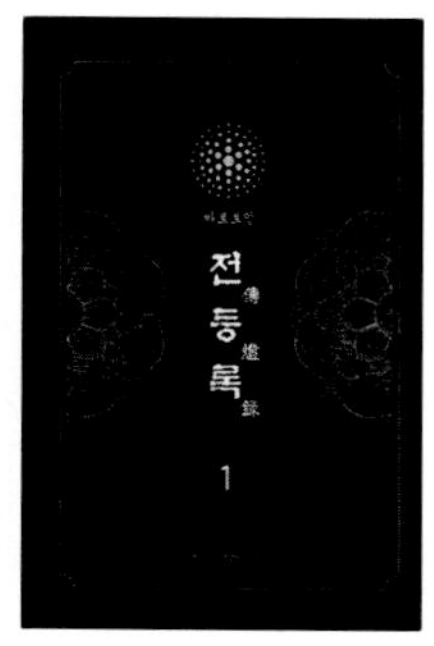

43. 바로보인 전등록 (전30권)

7불로부터 52세대까지 1,701명 선지식의 깨달음의 진수가 담긴 전등록 30권에 농선 대원 선사가 선리(禪理)의 토끼뿔을 더해 닦아 증득하는데 도움이 되도록 하였다.
288쪽. 각권 15,000원

유튜브에서 채널 구독하시고
무료로 찬불가 앨범을 감상하세요

유튜브에서 MOONZEN을 검색하시거나
아래의 주소로 접속해주세요

http://www.youtube.com/user/officialMOONZEN